안녕하세요, 기본소득입니다

가장 궁금한 질문에 가장 친절하게 답하는 기본소득 안내서

안녕하세요, 기본소득입니다

이원재 지음

어크로스

서문

모두가 기본소득을
이해해야 할 때

우리 생에 기본소득만큼 이상적인 정책은 없었습니다. 기본소득만큼 순식간에 모두의 관심을 받으며 현실 정치의 토론장에 진입한 정책도 많지 않았습니다. 그리고 기본소득만큼 오해와 억측에 시달리는 정책도 없는 것 같습니다.

아직도 기억이 생생한 2016년의 어느 날을 떠올립니다. 인공지능 바둑기사인 알파고가 서울 한복판에서 당시 세계 최고 인간 바둑기사이던 이세돌 9단을 보기 좋게 격파했습니다. 사무실에서, 학교에서, 공장에서, 기원과 운동장에서, 우리는 모두 그 며칠 동안 인공지능 이야기를 나눴습니다. 인공지능과 로봇이 사람보다 훨씬 더 나은 능력을 보여주는 시대가 열리고 있었습니다. 전 세계가 술렁였습니다.

안녕하세요, 기본소득입니다

모든 사람에게 심각한 질문이 던져졌습니다. 미래 사회에 인간이 설 자리는 있을까? 인간의 노동은 여전히 가치를 지닐까? 어느 날 갑자기 일자리가 사라진다면, 내 가족과 나는 어떻게 먹고살아야 할까?

그때였습니다. 아무 조건 없이 평생 동안 소득을 보장하는 '보편적 기본소득'이 화려한 조명을 받으며 우리 앞에 등장한 시점이었지요. '인간의 일이 사라지는 미래에 대한 공포'가 알파고 사건을 업고 우리 마음속에 더 크게 자리잡았습니다.

테슬라와 스페이스X의 CEO 일론 머스크와, 메타(전 페이스북) 창업자 마크 저커버그 같은 기업가들도 '기술이 충분히 발달한 미래에는 보편적 기본소득이 필요할 수 있다'고 말하며 기본소득에 대한 관심을 더욱 키웠습니다.

하지만 그때까지만 해도 기본소득은 여전히 낯선 개념이었지요. 실제로 누가 어떻게 시작해야 할지는 막막했습니다. 그저 먼 미래의 꿈같이 여겨졌기 때문입니다.

2017년, 때마침 핀란드에서 기본소득 정책 실험을 시작합니다. 기존의 복지제도를 혁신하기 위한 시도였습니다. 복지국가이면서도 4차 산업혁명 시대에 새롭게 등장한 노동문제들을 해결하지 못하던 핀란드가, 기본소득에서 그 해결책을 찾아보려 연구를 시작했던 것입니다.

세계 최고의 복지제도를 갖춘 나라에서 기본소득에 관심을 보이자, 세계의 언론과 학계가 다시 한번 기본소득에 관심을 갖게 됩니다. 기본소득을 전면 시행하기까지는 어렵더라도, 정책 실험 정도까지는 해볼 수 있다는 점이 입증되었습니다.

하지만 기본소득을 전면 시행하는 일이 가까운 시일 내에 가능할지에 대해서는 여전히 회의론이 컸습니다. 막대한 재정이 필요하다는 점도 회의론을 키웠습니다. 국가가 모든 개인에게 직접 조건 없는 수당을 지급하는 일이 그 전에는 거의 없었기 때문에, 실제로 집행이 가능할지도 가늠하기 어려웠습니다.

2020년, 인류는 코로나19 대유행을 맞게 됩니다. 세계 여러 나라에서 국가가 나서서 국경을 봉쇄하고 영업을 제한하고 활동을 막아야 했습니다.

그런데 바이러스 확산을 막기 위해 시행한 일들이 많은 사람의 생계를 무너뜨렸습니다. 자영업자는 장사를 못하게 됐고 노동자는 일자리를 잃었고 무역도 여행도 멈췄습니다. 먹고살기 힘들다는 비명이 여기저기서 나왔습니다. 생물학적 생명을 구하려다 경제적 생명을 위협하게 됐습니다.

세계 각국은 국민의 생명을 지키기 위해 사상 초유의 시도

안녕하세요, 기본소득입니다

를 합니다. 바로 막대한 재정을 풀어 국민에게 직접 지급하는 것입니다.

미국이 가장 파격적이었습니다. 2020~2021년 2년 동안 세 차례에 걸쳐 8600억 달러(약 1천조 원)를 가계에 직접 현금으로 지급했습니다. 이 기간 동안의 지급 금액은 성인 1인당 최대 3200달러(약 380만 원)입니다. 여기다 실업수당 지급 조건을 완화하고 개인사업자 지원까지 대규모로 진행합니다.

일본은 2020년 전 국민을 대상으로 1인당 100만 원씩의 현금을 지급했습니다. 2021년에는 18세 이하 아동과 청소년 1인당 10만 엔(약 100만 원)을 지급하기도 합니다.

재정 관리를 엄격하게 하기로 유명한 독일마저 휴업이나 폐업 중인 자영업자에게 긴급지원금을 1인당 최대 1만 5천 유로(약 1700만 원)까지 지급하면서 돈 풀기에 나섭니다. 조건 없는 아동양육수당을 1인당 450유로(약 50만 원)씩 지급하기도 했습니다.

우리나라도 2020년 5월부터 4인 가구 기준으로 가구당 100만 원의 전국민 재난지원금을 지급했습니다.

대부분 선진국에서 국가는 재정을 파격적으로 늘렸고, 그 중 상당 부분은 국민에게 직접 현금으로 지급되었습니다. 특히 한국, 미국, 일본에서는 기본소득과 유사한 형태로 아무

조건 없이 모두에게 지급되었습니다. 행정적으로도 큰 무리 없이 집행되었습니다.

코로나19를 계기로 여러 나라 국민들이 실제 기본소득 체험을 하게 된 셈이었습니다. 국가의 재정 동원 가능성과 집행 능력도 확인이 되었습니다. 이런 재난지원금은 대부분 한두 차례 지급된 것이니 평생 보장되는 보편적 기본소득과는 차이가 있지만, 모두에게 무조건 지급되었다는 점에서는 같습니다.

비현실적 몽상과 같던 기본소득은 이제 전 국민이 함께 토론하며 방향을 잡아나가야 하는 제도로 성큼 다가왔습니다. 불과 5년여 만에 벌어진 일입니다.

기본소득은 우리 삶에 근본적 변화를 가져올 수 있는 제도입니다. 인공지능과 같은 기술혁신, 코로나19에서 출발해 계속 이어질 바이러스, 그리고 눈앞에 닥친 기후위기의 시대에 필수적인 정책 대안으로 끊임없이 논의될 것입니다. 모두가 충분히 이해하고 토론하며 합의점을 찾아 나가야 합니다.

그러나 기본소득에 대한 오해가 너무 많습니다. 또 어려운 이론적 설명이 주를 이룹니다. 너무 빨리 정치적 경쟁의 장에 던져졌고, 아직도 학문적 토론의 장을 벗어나지 못한 상태이기 때문입니다.

이 책은 누구나 기본소득을 이해하고 토론할 수 있도록 돕기 위해 쓰였습니다. 마치 기본소득처럼, 모든 사람이 보편적으로 이해할 수 있도록 썼습니다. 또한 가급적 '나' 개인과 어떤 관련이 있는지를 중심으로 서술했습니다.

1부에서는 기본소득의 목적과 개념과 특징에 대해 설명합니다. 2부에서는 실제 기본소득이 실행된다면 구체적으로 어떤 모습이 될지를 설명합니다. 3부에서는 복지 개혁을 위해, 기후위기 대응을 위해, 행정 혁신을 위해, 공통부 분배를 위해 기본소득을 시행한 다른 나라 사례를 상세하게 풀어 봅니다. 4부에서는 기본소득에 대해 흔히 던져지는 질문들에 대한 답을 제안합니다. 각각의 글의 마지막에는 이해를 돕기 위한 짧은 핵심정리도 덧붙였습니다.

기본소득 드라마의 시작은 자동화와 코로나19로 인한 생계 불안이었습니다. 그러나 결말은 자유롭고 인간적인 삶이 확대되는 해피엔딩이 되어야 합니다. 국가나 사회의 관점이 아니라 나의 관점에서 펼치는, 가장 쉽고 간결한 기본소득 이야기를 지금 시작합니다.

차례

3부 기본소득을 도입한 곳이 있나요?

4부 궁금한 이야기들

1부

기본소득이
뭐죠?

(1)
나에게 경제적 자유를 달라
기본소득의 목적

　기본소득제는 모든 사람에게 일정한 수준의 경제적 자유를 주는 제도입니다.

　전 세계 벤처기업의 요람인 미국 실리콘밸리에서 젊을 때 창업해 성공한 벤처기업가들이 흔히 하는 이야기가 있습니다. '경제적 자유'를 찾았다는 이야기이지요. 실은 부동산 투자로 여러 채의 집이나 건물을 갖게 된 사람들도 종종 경제적 자유를 위해 회사에 다니며 투자도 하면서 열심히 살았다고 이야기하곤 합니다. 그냥 돈을 탐해서 투자를 하고 부자가 되려 한 게 아니라, 자유를 찾기 위해 그런 노력을 했다는 뜻입니다.

경제적 자유란 뭘까요? 엄청나게 재산이 많거나 소득 수준이 높은 상태를 뜻할까요? 아닙니다. 오히려 재산이나 소득에 얽매이지 않고, 꼭 하고 싶은 일을 할 수 있는 상태를 뜻합니다.

돈 걱정 없는 세상에 살고 싶은 욕망

누구나 돈 때문에 걱정한 경험이 있을 겁니다. 수입이 없거나 적으면 당연히 걱정이 많을 텐데요, 좀 넉넉하다 싶을 정도로 수입이 있는 사람도 돈 때문에 극심한 스트레스를 받은 적이 한 번쯤은 있을 것입니다.

돈 걱정은 우리를 옭아매는 큰 스트레스입니다. 돈 때문에 하기 싫은 일을 하기도 합니다. 직장에서 부당한 일을 당해도 그만두지 못하고 억지로 다녀야 하는 상황도 생깁니다. 직원들을 치열하게 경쟁시키는 회사에서는 성과를 더 내기 위해 동료를 따돌리는 선택을 하기도 합니다. 장사를 하는데 비용 압박이 크면 음식 재료를 줄여야 할 때도 있습니다.

정말 가치 있게 여기는 일을 하고 싶어도 돈 때문에 못할 때도 있습니다. 바이올린을 잘 켜고 음악을 사랑하는 사람도,

안녕하세요, 기본소득입니다

연극을 사랑하는 사람도, 마음이 따뜻해 어려운 이웃을 도우며 살고 싶은 사람도, 본인과 가족의 생계 때문에 그 일을 선택하지 못하는 경우가 생깁니다. 아이와 더 많은 시간을 보내지 못해 안타까운 경우도 있겠지요.

돈 때문에 극단적인 일도 생겨납니다. 2020년 뇌출혈로 쓰러진 아버지를 간병하던 22세 청년 강도영(가명) 씨의 사례가 떠오릅니다. 강씨는 수입이 전혀 없는 상태에서 거동 못하는 아버지를 혼자 돌봐야 했습니다. 휴대전화, 도시가스 등이 모두 끊긴 채 극심한 고통에 시달리던 그는 결국 아버지를 굶겨 사망에 이르게 했고, 징역 4년을 선고받았습니다. 조금이라도 정기적인 수입이 있다면 막을 수 있었을 비극입니다. 이런 일이 우리 주변에서 끊임없이 일어납니다.

그런데 건물주가 되어 매달 꼬박꼬박 임대료를 받는다면, 이야기가 좀 달라질 수 있습니다. 최소한 돈 때문에 하기 싫은 일을 하는 상황을 피할 수 있을 것입니다. 그 수익만으로 생계가 보장된다면 좋아하는 음악이나 연극을 할 수도 있고, 이웃을 돕는 활동을 할 수도 있으며, 연구 활동을 할 수도 있을 것입니다. 수익이 충분하지 않더라도, 하기 싫은 일을 줄이거나 다른 일을 시도할 디딤돌은 될 수 있을 것입니다. 아무리 어려운 일이 닥치더라도, 선택할 수 있는 기회와 인내

할 수 있는 힘이 조금 더 생길 것입니다.

이게 바로 '경제적 자유'입니다.

소득 불안을 벗어나 '실질적 자유'로

사실 우리는 돈 걱정을 끊임없이 할 수밖에 없는 구조 안에서 살고 있습니다. 우리 경제는 가진 것 없는 개인에게 '경제적 자유'를 보장하는 체제가 아니기 때문입니다.

우리는 돈을 벌고 쓰며 살아갑니다. 버는 돈을 소득이라고 부르고, 돈 쓰는 일을 소비라고 부릅니다. 여기서부터 문제가 시작됩니다.

소비는 끊임없이 일어납니다. 돈 쓸 곳은 매일 생긴다는 이야기입니다.

매일 세끼를 먹어야 합니다. 쉴 집은 언제나 있어야 합니다. 매일 출퇴근하는 데 교통비를 지출하고, 주기적으로 친구나 친지를 만나 식비나 차 값을 지출하며 대화를 나눕니다. 매달 휴대전화와 인터넷 요금 청구서가 날아오고, 월세나 아이들 학원비를 내야 하는 사람도 있습니다. 아픈 사람은 약값을 주기적으로 지출해야 하고, 대학생은 등록금을 매년 지출해야 합니다.

반면 소득은 불안정합니다. 들어오는 돈이 들쭉날쭉한 것이지요. 좋은 직장에 취업해 꽤 높은 월급을 받다가도, 회사 경영이 어려워져 내 의지와 상관없이 그만둬야 하는 일이 생깁니다. 그렇지 않더라도 40대 중반이 지나면 기업에서는 슬슬 눈치가 보이기 시작합니다. 퇴직 압력이 느껴져서입니다.

자영업자는 어떨까요? 식당이나 가게를 차려 열심히 일해 안정적인 수준까지 올라왔다고 생각하는 순간, 갑자기 코로나19 같은 일이 생겨 매출이 떨어지기도 합니다. 꼭 코로나19가 아니라도, 근처에 대기업이 진출한다거나 해서 상권이 바뀌면 갑자기 수입이 뚝 떨어지기도 합니다.

설상가상으로 수명은 점점 더 길어지고 있습니다. 퇴직 이후 소득이 더욱 불안정한 채로 수십 년을 살아가야 합니다. 뿐만 아니라 청년들이 점점 더 늦게 취업할 수밖에 없는 구조가 강화되고 있습니다. 취직 이전의 소득 불안정 상태가 더 오래 이어진다는 이야기입니다.

국가 경제도 대기업도 점점 성장하지만, 나의 소득 불안은 오히려 더 커지는 이유가 여기 있습니다.

늘 나가야 하는 돈은 고정되어 있는데 벌어들이는 돈은 불안정하니, 당연히 돈 걱정이 끊이지 않습니다. 이런 구조 안에서 개인이 경제적 자유를 찾기란 너무나 어려운 일입니다.

물론 개인적으로 경제적 자유를 찾을 수도 있습니다.

부동산 투자를 통해 건물주가 되어 임대소득을 정기적으로 벌어들이거나, 창업을 해 성공한 기업의 주주가 되어 배당금을 정기적으로 받는다면, 또는 주식 투자나 가상자산 투자로 큰 재산을 형성해 주기적으로 현금으로 바꾸어 쓸 수 있게 된다면 경제적 속박으로부터 자유로워질 것입니다.

장기 고용이 보장된 직장을 찾을 수도 있습니다. 예컨대 정부나 공공기관에서 일하는 공무원과 임직원들은 정년까지 고용이 보장되고 월급도 안정적으로 받습니다. 이분들은 돈 걱정이 그래도 덜할 것입니다.

문제는 이런 식으로 경제적 자유를 찾을 확률은 매우 낮다는 점입니다.

큰 재산을 물려받아 이미 안정된 상태에서 시작하지 않는다면, 투자나 창업은 매우 큰 위험을 수반합니다. 빚을 내어 투자했다가 주가나 부동산 값이 떨어지면, 또는 창업에 실패해 빚까지 지게 된다면 오히려 더 큰 경제적 속박을 받게 됩니다. 최소한의 보장된 기반이 없다면 성공하기도 힘들고, 시도조차 하기 어려운 기회들입니다. 주저하다가 기회를 놓

안녕하세요, 기본소득입니다

치는 일도 허다합니다.

　공무원 시험에 합격하는 것 역시 만만치 않습니다. 몇 년 동안 매달렸는데도 결국 실패할 수 있습니다.

　기본소득제는 기반이 없는 사람이 조금 더 쉽게 경제적 자유를 얻을 수 있게 해줍니다. 최소한의 소득이 조건 없이 보장된다면, 실패하더라도 해보고 싶은 일에 뛰어들 용기를 가질 수 있습니다. 그런 일에 뛰어들지 않더라도, 하기 싫은 일을 줄이고 조금 더 많은 시간을 내가 원하는 일을 하며 보낼 수 있게 됩니다.

　기본소득 연구자이면서 《21세기 기본소득》이라는 권위 있는 책의 저자인 필리프 판 파레이스 교수는 이런 경제적 자유를 '실질적 자유'라고 불렀습니다.

　자본주의 시장경제 안에서 우리는 선택의 자유를 누리고 있습니다. 하지만 돈이 없다면 선택의 자유는 진정한 자유가 아닙니다. 누구든지 자신이 가치 있다고 생각하는 일을 선택할 수 있지만, 그러기 위해서는 자신의 생계를 걸어야 합니다. 굶을 자유는 자유가 아니라는 게 파레이스의 주장입니다. 그건 말뿐인 '형식적 자유'에 불과하다는 것이지요.

　판 파레이스는 기본소득과 같이 모두에게 조건 없이 보장되는 소득은, 모두에게 일정한 만큼의 실질적 자유를 줄 수 있다는 결론을 내립니다. 단순히 내가 소비할 상품을 스스로 선택하는 것을 넘어서 내 삶을 선택할 수 있는 자유를 준다는 이야기입니다.

우리 사회에서 경제적 자유란 운이 매우 좋거나 능력이 출중한 극소수만이 누릴 수 있는 특권입니다. 기본소득제는 누구나 이런 특권에 접근할 수 있는 기회를 갖도록 돕는 제도입니다. 보편성, 무조건성, 개별성이라는 기본소득제의 핵심적 특징이 이런 경제적 자유를 줍니다. 이제 이 세 가지 특성을 차근차근 살펴보겠습니다.

핵심정리

기본소득제란 모든 사람에게 일정한 정도의 경제적 자유를 주는 제도다. 보편성, 무조건성, 개별성이라는 기본소득의 핵심 특성이 이런 경제적 자유를 가능하게 만든다.

　　　　　　　　　　　안녕하세요, 기본소득입니다

(2)
나도 받을 수 있나요?
기본소득의 특징

기본소득이란 내가 태어나서 죽을 때까지 평생 동안 일정한 액수의 현금을 정기적으로 조건 없이 지급받는 소득입니다.

기본소득의 가장 큰 특징은, 내 삶의 어떤 순간에도 받을 권리가 있는 소득이라는 점입니다. 내가 어떤 자격을 충족하거나 필요할 때만 받는 것이 아니라, 한 사회의 일원이라는 사실만으로 보장받는 권리입니다.

정부기관에 가서 신청할 필요도 없고, 소득이나 재산을 증명할 필요도 없습니다. 직장에 다니고 있어도, 실업 상태라도, 집에서 아이를 돌보고 있어도, 편찮은 부모님을 간병하고 있어도, 내가 건강하거나 아플 때도, 재산이 늘어나거나 혹은 빚이 늘어날 때도 보장되는 소득입니다. 정부가 받을 사람을 선별하지 않기 때문입니다. 기본소득은 모두에게 언제나 그냥 주어지는 것입니다.

이처럼 보편성, 무조건성, 개별성은 기본소득의 핵심 특성입니다. 보편성은 모든 사람이 대상이라 '언제나' 받을 수 있다는 의미이고, 무조건성은 그 사람의 활동이나 상황에 상관없이 '무조건' 지급된다는 의미입니다. 개별성은 우리 가족이나 우리 회사가 아니라 '나에게' 직접 지급된다는 의미입니다.

각각의 특징을 좀 더 살펴보겠습니다.

보편성

첫째, 보편성은 모든 사람이 대상이라는 의미입니다. 앞에서 말한 '삶의 어떤 순간'에도 받을 수 있다는 것이 바로 이 보편성에 해당합니다. 누구든지 한 사회의 일원이라는 사실만으로 보장받는 권리이기 때문에 보편성이 성립됩니다.

기본소득에서 채택하고 있는 '보편성'이라는 개념은 기존 복지제도의 패러다임과는 다릅니다.

안녕하세요, 기본소득입니다

우리는 '모든 사람은 평등하다'면서 보편성을 무척 강조하는 사회에 살고 있는 것처럼 느껴집니다. 과연 정말 우리 사회 구성원은 모두 평등할까요? 헌법에서는 그런 것 같습니다. 대한민국 헌법에는 '모든 국민'이라는 표현이 서른두 번이나 나옵니다.

그런데 모순이 있습니다. 실제로 우리의 법제도 중 '모든 국민'을 대상으로 한 것은 희귀합니다. 내용의 평등함까지 생각하지 않더라도, 대부분 정책의 대상 자체가 국민 중 극히 일부입니다. 국민을 선별해 운영하는 것입니다.

정부 정책의 대상은 가난한 사람, 아픈 사람, 나이 든 사람, 어린 사람, 일할 수 없는 사람 등으로 나누어집니다. 모든 국민을 하나로 묶어 '동등하다'고 정의하는 정책은 사실상 없습니다.

게다가 이렇게 잘게 쪼개 선별하다 보니, 자신이 어떤 제도의 혜택을 받을 권리가 있는지 아는 사람이 많지 않다는 문제도 생깁니다.

정부 제도를 활용하려면, 현재 나의 상황이 어떤지를 스스로 판단한 뒤 그 상황에 맞는 제도를 찾아야 합니다. 그러니 막상 어려움이 닥쳤을 때도, 내가 어떤 제도를 이용할 수 있는지 모르는 경우가 많습니다. 개인이 직접 알아보고 신청해야 합니다. 아플 때는 아픈 사람을 위한 제도를 찾아야 하고, 교육받기를 원한다면 학생을 지원하는 정책을 찾아야 하고, 나이가 들면 노인을 위한 제도를 찾아야 합니다. 이런 제도들은 대부분 보편성을 지니고 있지 않기 때문입니다.

기본소득에는 이런 문제가 없습니다. 개인이 각자 찾아 나서지 않아도, 기본소득은 '언제나' 주어지기 때문입니다. 다른 제도는 갖지 못한 보편성입니다. 보편성을 갖춘 기본소득은 사람을 나누지 않고 하나로 묶는 정책입니다. 헌법 정신을 정확하게 구현하고 있는 셈입니다.

무조건성

둘째, 무조건성은 일단 대상자라면 조건 없이 지급된다는 뜻입니다. 기본소득의 무조건성 역시 기존 복지제도의 패러다임과는 다릅니다.

우리는 정부가 제공하는 크고 작은 제도를 이용하며 살아갑니다. 어린 시절에는 세금으로 운영되는 학교에 다니며, 집을 나서면 국가가 깔아둔 도로를 무료로 사용하고, 일자리를 잃으면 실업수당을 받기도 하고, 병들거나 다치면 국민건

안녕하세요, 기본소득입니다

강보험을 이용해 병원비를 아끼고, 어려운 상황이 닥쳤을 때 정부로부터 지원금을 받기도 합니다.

그런데 대부분의 정부 정책에 따른 지원은 특정한 조건을 충족해야만 받을 수 있습니다. 내가 어떤 제도의 대상자라고 하더라도, 우선 신청한 뒤 정부가 그 조건에 해당하는지 여부를 심사해 결정합니다.

예를 들어 우리나라의 대표적 복지제도인 국민기초생활 보장제도를 볼까요? 생계급여는 내가 가난하다는 조건이 입증되어야 받을 수 있습니다. 2022년 기준으로 소득인정액이 1인 가구의 경우 월 58만 3444원, 4인 가구의 경우 월 153만 6324원 이하라는 점이 입증되어야 자격이 주어집니다.

소득인정액이란 소득 그 자체는 아닙니다. 내 소득에서 연령별로 적용되는 공제율에 따라 공제를 받고, 여기에 장애나 질병 때문에 필수적으로 지출하는 금액을 빼야 합니다. 재산의 경우 종류에 따라 1.04~6.16%가량을 더하고, 자동차가 있다면 그 가치를 모두 더해 소득인정액으로 계산해야 합니다. 상당히 복잡한 계산 과정을 거쳐 '가난'을 인정받아야만 복지 대상자가 되며, 혹시라도 소득이 생긴다면 다시 급여에서 그만큼을 빼야 합니다.

이렇게 조건이 복잡하다 보니, 내가 어떤 이유로 혜택의 대상이 되거나 또는 대상에서 제외되는지를 미리 예측하기가 어렵습니다.

물론 생계급여는 수많은 복지제도 중 하나에 불과합니다. 어려운 사람들의 주거비를 보조하는 주거급여, 병원비를 도와주는 의료급여, 자녀 교육비 일부를 주는 교육급여 등도 비슷한 선별 과정을 통과해야 받을 수 있습니다.

일자리가 있지만 임금이 너무 적어 가족을 부양하기 어려운 사람을 위한 근로장려금(EITC) 제도도 있습니다. 근로장려금을 받으려면 일을 하고 있어야 한다는 조건에 더해, 소득이 일정 수준 이하여야 한다는 조건까지 충족해야 합니다. 2022년 기준 소득 수준은 단독가구의 경우 2000만 원 이하, 맞벌이가구의 경우 연 3800만 원 이하에서 더 세부적으로 나누어지고, 각 구간별로 지급되는 금액도 다릅니다. 자녀가 있는 사람을 위한 자녀장려금(CTC)도 비슷한 선별 과정을 거칩니다. 노인을 위한 기초연금조차도 소득과 자산을 계산해 일정한 요건에 해당한다는 사실을 입증해야 받을 수 있습니다.

이런 제도를 하나하나 찾기도 어렵지만, 찾아낸다고 해도 조건을 확인하고 입증 서류를 갖춰 신청하려면 시간과 비용이 듭니다. 그렇게 열심히 서류를 준비해 신청했는데도 지원

안녕하세요, 기본소득입니다

을 받지 못하는 경우가 허다합니다. 조건을 맞춰 지원 대상이 되었다가도, 가족에게 소득이 생기거나 본인에게 자동차 같은 재산이 일시적으로 생겨 나도 모르는 사이에 지원이 끊기는 일도 종종 일어납니다. 정말 절박할 때는 너무 힘든 상황이지요.

하지만 기본소득은 '무조건' 주어지기 때문에 이런 문제가 없습니다.

개별성

세 번째로 개별성을 살펴볼까요?

기본소득은 가족이나 고용된 기업이나 지역에 지급하는 것이 아니라, 개인에게 직접 지급하는 것이 원칙입니다. 이를 '개별성'이라고 부릅니다.

이런 특징은 기존의 여타 복지제도와는 다른 점입니다. 예를 들어 생계급여나 주거급여나 근로장려금 등은 모두 가구에 지급됩니다. 실제로는 세대주에게 지급되기 때문에 주로 남자 어른이 받게 됩니다. 이는 가족을 하나의 경제공동체로 보기 때문입니다.

이 개별성 때문에 기본소득은 나 개인에게 온전히 속한 권리가 됩니다. 다른 누구에게 위탁하지 않고, 온전히 내가 결정해 처분할 수 있는 소득입니다.

언제나, 무조건, 나에게

세 가지 특징을 모두 살펴봤습니다. 이런 특징을 가진 제도가 기본소득 말고 또 있을까요?

지금도 조건 없는 제도가 있기는 합니다. 예컨대 초등학교부터 고등학교까지는 조건 없는 무상교육입니다. 누구나 조건 없이 학교에 다닐 수 있습니다. 아동수당은 만 7세 이하 어린이 모두에게 조건 없이 지급됩니다. 하지만 인생의 특정 시기에만 해당할 뿐, 보편적이지는 않습니다.

보편적인 제도 역시 있습니다. 예를 들어 생계급여는 모든 국민을 대상으로 합니다. 다만 소득과 자산 조사를 통해 가구의 빈곤을 입증해야 한다는 조건이 달려 있습니다. 가구를 대상으로 지급되므로 개별적이지도 않습니다.

개별적인 제도로는 실업급여가 있습니다. 내가 실직했을 때 내게 주어집니다. 가족 구성원의 상태와는 무관합니다.

안녕하세요, 기본소득입니다

하지만 직장에 다니고 고용보험에 가입되어 있어야 하므로 보편적이지도 않고, 이력서를 여기저기 내며 구직 활동을 해야 한다는 조건도 걸려 있습니다.

기본소득은 보편성과 무조건성과 개별성을 모두 갖추어, '언제나, 무조건, 나에게' 주어지는 소득입니다. 이런 특성 때문에 지금까지 우리가 누려보지 못한 경제적 자유를 선사합니다.

핵심정리

보편적 기본소득제는 보편성, 무조건성, 개별성을 가진 소득보장 제도다. 보편성이란 그 사회의 모든 구성원이 지급 대상이라는 의미이고, 무조건성은 소득, 자산, 취업 등의 조건을 따지지 않고 지급한다는 의미이며, 개별성은 가구주를 통하지 않고 나 개인에게 직접 지급한다는 의미다.

(3)
모두 함께 건물주가 된다면
기본소득의 원천

어쩌면 모두가 가장 궁금해하는 부분을 설명할 차례이네요. 정부가 무슨 돈으로 이런 기본소득을 줄 수 있는지에 대한 이야기입니다.

한마디로 말하자면, 기본소득은 모든 사람이 공동의 건물주가 되어 임대료를 나누어 갖는 개념이라고 생각하면 됩니다. 어쩌면 대기업의 주식을 똑같이 나눠 갖고, 여기서 나온 수익 중 일부를 모두가 배당받는 개념이라고 생각할 수도 있겠습니다.

초등학생의 장래희망에 '건물주'가 등장해서 화제가 된 적이 있지요? 사실 어른들도 크게 다르지 않습니다. '큰 빌딩의

안녕하세요, 기본소득입니다

주인이 되고 싶다!' 또는 '갖고 있는 주식 값이 엄청나게 뛰면 좋겠다!' 많은 사람들이 한번씩 꿈꾸는 일입니다.

그런데 조금만 더 생각해봅시다. 왜 우리는 건물주가 되고 싶은 것일까요? 건물을 사랑해서일까요? 빌딩을 관리하는 일이 즐거워서일까요?

아닙니다. 건물이 주는 경제적 자유 때문입니다. 건물을 가지고 있으면 소유주인 나에게 다달이 임대료가 들어옵니다. 임대 수익이 보장되어 있으면 그만큼의 경제적 자유가 생깁니다. 매달 생활비를 벌어야 하는 부담으로부터 해방되니까요.

또 집안에 아픈 사람이 생기거나 사고가 나서 갑자기 큰돈이 필요해도 건물을 갖고 있다면 그나마 안심이 됩니다. 건물을 팔아서 대처할 수 있으니까요. 만일의 사태에 대비하기 위해 평소에 저축을 하거나 큰 빚을 내야 하는 부담으로부터도 해방됩니다.

물론 임대 수익만 그런 것이 아닙니다. 고정된 수입 자체가 내게 경제적 자유를 줍니다.

공통부, 누구의 소유도 아닌 자산

그렇다면 이런 생각을 좀 더 확대해보면 어떨까요? 모두가 함께 건물주가 되어 임대료를 받는 겁니다.

이런 공동의 건물을 '공통부'라고 부릅니다. 영어로는 '커먼스(commons)'라고 부르기도 하고요. 누구에게도 속하지 않으나 수익이 나오는 곳이 있다면, 그 수익은 모두가 나누어 갖는 게 합당하겠지요? 그래서 기본소득은 '공통부 배당'이기도 합니다. 공동으로 소유한 재산에서 나온 배당이라는 의미입니다.

'그런 곳이 어디 있느냐?'는 질문이 벌써 들리네요. 네, 이미 그런 사례가 있습니다. 충청남도 보령군의 섬마을 장고도에서 실시하고 있는 '해삼 기본소득제'입니다.

해삼 기본소득제라니 낯선 개념이지요? 먼저 장고도가 어떤 곳인지 알아볼까요. 장고도는 81가구, 200여 명의 주민이 사는 작은 섬입니다. 이 어촌의 중요한 수입원 중 하나가 해삼 양식입니다. 해삼은 씨앗만 뿌려놓으면 저절로 자란다고 합니다. 씨앗이 해초를 먹고 자라서 성체가 될 때까지 신경 쓸 일은 거의 없고, 다 자란 것을 채취하기만 하면 된답니다. 즉 노동은 거의 필요가 없고, 바다가 해삼을 생산하고 주민들은 이걸 채취해 판매하기만 한다는 이야기지요.

그런데 바다는 누구의 소유도 아닙니다. 그러면 이 해삼 판매 수익은 누가 가져가는 게 좋을까요? 채취한 사람이 몽땅 가져가면 되나요? 판매하는 사람이 가져가나요?

'해삼 경제'의 분배 해법은 기본소득이었습니다. 장고도는 해삼 어장의 수익을 모든 주민에게 똑같이 배당합니다. 그해 실적에 따라 지급되는 금액이 달라지긴 하지만, 2019년의 경우 가구당 연간 1100만 원가량이었다고 합니다. 규모는 작지만 전복 양식도 해서 같은 해 200여만 원의 배당이 나왔다고 합니다.

그런데 채취 노동을 하는 분들에게는 보수를 따로 지급합니다. 이것이 바로 7장에서 소개할 '참여소득'에 해당합니다. 예를 들어 바지락 채취에 참여하면 가구당 500만~600만 원의 추가 소득이 지급됩니다. 이때 개인 수확량은 상관없고, 공동 수확 작업에 참여하기만 하면 같은 금액의 참여소득을 받을 수 있습니다. 한번은 개인 수확량에 따라 분배했는데, 전체 수확량이 오히려 줄어들었다고 합니다. 결국 참여한 사람 모두가 똑같은 금액을 나누어 갖는 참여소득으로 돌아갈 수밖에 없었지요.

기본소득과 참여소득을 합쳐, 2020년의 경우 장고도 마을 주민들은 가구당 연간 2000만 원가량의 소득을 배당받았습니다.

이게 바로 공통부의 개념입니다. 누구의 소유도 아닌 바다에서 나온 소득을 모두에게 똑같이 배당한 것입니다. 가난에서 벗어나도록 돕기 위해 지급한 돈이 아닙니다. 누구의 소유도 아닌 자산인 '바다'를 공통부라고 여기고, 마을 사람 모두에게 똑같은 몫을 배당한 것이지요. 어떻게 보면 공동 건물주와 같은 개념이라고 할 수 있지요. 섬마을 장고도에서 기본소득은 시혜가 아니라 권리입니다.

장고도의 해삼 기본소득은 섬마을 사람들의 공통부인 바다에서 해삼이라는 가치가 나오면서 가능해졌습니다. 그런데 우리나라 사람들 전체에게 바다와 같은 공통부가 있을까요? 해삼처럼 공통부에서 나오는 가치가 있다면, 그걸 나누어 가질 수 있을 텐데요.

모두의 몫을 모두에게

그런 공통부가 실제로 있습니다. 다음과 같이 두 종류로 구분할 수 있습니다.

안녕하세요, 기본소득입니다

첫 번째는 땅, 물, 공기와 같은 자연물입니다.

강물은 바다와 마찬가지로 우리 모두의 것입니다. 공통부에 속한다고 할 수 있겠지요. 그리고 강은 우리에게 끊임없이 '물'이라는 가치 있는 재화를 공급합니다. 사람은 물을 길어오고 정수하는 일은 할 수 있습니다. 그런 기여는 인정해야 합니다. 하지만 사람이 물 자체를 만들어내는 데 기여할 수는 없습니다. 물은 강으로부터 저절로 나오는 것이니까요.

공기도 마찬가지입니다. 공기가 없다면 우리는 단 하루도 살 수 없습니다. 미세먼지가 많아지면 공기청정기를 놓고 먼지를 걸러냅니다. 마스크를 쓰고 숨을 쉬어보기도 합니다. 미세먼지를 걸러내어 공기를 깨끗하게 만드는 데는 사람이 기여할 수 있습니다. 하지만 누구도 공기 자체를 만드는 데 기여할 수는 없습니다.

햇빛도, 바다도, 숲도 비슷합니다. 땅도 마찬가지입니다. 땅을 개간하고 건물을 지어 가치를 높이는 일은 사람이 할 수 있습니다. 그런 기여는 충분히 인정되어야 합니다. 그러나 누구도 자연물인 땅 자체를 만드는 데 기여할 수는 없습니다.

두 번째는 누가 기여해서 만들었는지를 정확히 이야기할 수 없는 인공물입니다.

가장 대표적인 사례는 빅데이터입니다. 빅데이터는 인간이 함께 만든 거대한 기록물입니다. 인공지능 시대를 맞아 빅데이터는 기업에게는 석유와 같은 부의 원천이 되었습니다. 잘 캐내어서 정제하면 훌륭한 마케팅 도구가 되고, 그 자체로도 팔 수 있는 상품이 됩니다.

내가 인터넷 검색을 위해 입력하는 단어는 다른 모든 검색어들과 모여 훌륭한 광고 원천이 됩니다. 인터넷 기업들은 내 검색어를 참고해 내게 맞는 광고를 보여주면서 막대한 광고 수익을 올립니다. 내가 인터넷 쇼핑몰에서 구매한 기록도, 신용카드 사용 내역도, 음악 스트리밍 서비스도 새로운 가치를 만들어냅니다. 나만의 데이터는 가치가 낮지만, 모두의 데이터가 모인 빅데이터는 석유를 캐낼 수 있는 유전과 같습니다.

그런데 빅데이터는 누구의 것일까요? 마지막에 꺼내어 정제해 사용한 기업이 데이터에서 나온 가치를 독차지하는 것이 옳을까요? 그렇지 않습니다. 데이터를 만드는 데는 모든 사람이 기여하기 때문입니다.

내가 인터넷을 검색하지 않는다면 데이터는 생기지 않습니다. 여러 사람의 인터넷 검색 기록이 합쳐지지 않는다면 빅데이터가 형성되지도 않겠지요. 그런 데이터가 없다면 기

안녕하세요, 기본소득입니다

업들이 분석해서 마케팅에 활용할 수도 없습니다.

물론 최종적으로 데이터를 정제하고 분석하는 일은 중요하므로 따로 보상을 받아야 합니다. 하지만 애초에 데이터가 없다면 정제하고 분석하고 활용할 수도 없습니다. 데이터 자체는 모두에게 속한 공통부라고 할 수 있습니다. 여기서 나오는 가치도 모두에게 속한다고 봐야 합니다.

인공적 공통부는 데이터보다 더 넓은 개념입니다. 인류가 구축한 지식 전체가 공통부에 해당한다고 볼 수도 있겠지요. 오늘날 자동차와 반도체를 만드는 데는 이전부터 축적해온 수많은 과학기술 지식이 필요합니다. 이 가운데 어떤 것은 특허와 저작권이 있어 대가를 지불해야 하지만, 상당 부분은 그냥 사용할 수 있습니다.

이 모든 지식은 이전에 다른 사람들의 노력으로 형성된 것입니다. 하나하나의 노력을 꺼내어 따지기는 어렵습니다만, 인류가 공동으로 구축한 지식이라고 할 수 있습니다. 자동차 회사, 반도체 회사가 벌어들이는 수익 가운데 어떤 부분은 인류가 함께 구축해둔 공동의 지식으로부터 나온 것입니다. 즉 인공물로서의 공통부에서 나온 몫입니다.

기본소득의 원천은 이런 공통부입니다. 특정인이 아니라 인류가 공동으로 구축한 공통부로부터 나온 수익을, 모든 사람이 똑같이 분배받는 소득입니다. 이런 공통부는 모든 사람이 지분을 갖고 있는 건물이나 주식회사와 같습니다. 건물주나 주주에게 배당하듯이, 각자의 몫으로 기본소득을 분배하는 것입니다. 안정적인 임대료를 받는 건물주처럼, 모든 사람이 각자의 몫인 기본소득만큼 경제적 자유를 가질 수 있게 하는 제도가 기본소득제입니다.

핵심정리

기본소득은 자연이나 빅데이터나 지식 같은 공통부로부터 나온 배당금이다.

안녕하세요, 기본소득입니다

2부

기본소득 어떻게 주나요?

(4)
1년에 한 번인가요,
한 달에 한 번인가요?

기본소득의 주기

　기본소득은 매달 또는 매년 등 정기적으로 지급하는 것을 원칙으로 합니다. 이를 기본소득의 '정기성'이라고 부릅니다. 이런 특성 덕분에, 기본소득은 내 인생을 능동적으로 계획할 수 있게 해줍니다.

　우리는 살아가면서 많은 제도를 활용합니다. 그러나 대부분 한시적이거나 부정기적입니다. 한 번 받고 마는 경우가 대부분이지요. 내가 어떤 혜택을 인생의 어느 시점에 받게 될지 예측할 수 없습니다. 그러다 보니 정부가 제공하는 사회보장이 우리 인생 계획의 일부가 되기는 어렵습니다. 복지가 늘어난다고 하는데 정작 우리 삶의 불안이 줄어들지 않는 이유가 여기 있습니다.

기본소득으로 인생 계획 세우기

　기본소득은 정기적입니다. 정기성은 예측할 수 있게 해주므로, 계획을 세울 수 있게 됩니다. 단돈 10만 원이라도 매달 들어오는 소득이 있다면 인생 계획이 가능합니다. 예컨대 청년기에는 외국어나 기술을 배우는 데 꾸준히 투자할 수 있을 것입니다. 중장년기에는 가족과의 주기적인 외식이나 여행을 계획해볼 수 있습니다. 노년기에는 식재료비나 난방비 같은 필수 생계비로 사용할 수 있을 것입니다. 몇 차례 받고 끝나는 제도와는 의미가 다릅니다.

　물론 한꺼번에 목돈을 받는 것과 정기적으로 나누어 받는 것은 경제적으로는 똑같습니다. 5000만 원을 1년에 100만 원씩 50년 동안 나누어 받으나, 한꺼번에 받아 본인이 알아서 나누어 쓰나 같은 개념일 수 있습니다. 그러나 한꺼번에 목돈을 받으면 내가 그 돈을 굴리면서 투자할 수도 있지만, 잃어버릴 위험도 감수해야 합니다.

　기본소득의 취지는 한 번에 많은 투자를 하도록 돕는 것이

안녕하세요, 기본소득입니다

아닙니다. 평생 동안 안정적으로 경제적 자유를 제공하는 것이 목적입니다. 다른 투자에서 실패하더라도 기본소득만은 흔들리지 않는 안정감을 주는 것입니다.

다만 현실에서의 기본소득은 그 주기가 아직 정해지지는 않았습니다. 미국 알래스카에서는 1년에 한 차례씩 모든 주민에게 배당금을 지급합니다. 경기도 청년기본소득은 분기(석 달)에 한 차례씩 지급되고 있습니다. 핀란드에서 이루어졌던 기본소득 정책 실험은 한 달에 한 차례 지급하는 방식이었습니다. 현재 논의되고 있는 기본소득 지급 주기는 한 달, 분기, 1년 등 다양한 형태입니다.

> **핵심정리**

기본소득은 매년, 매 분기, 매달 등 정기적으로 지급된다.

(5)
얼마를 받는 건가요?
기본소득의 금액

　기본소득과 관련해 가장 중요한 질문 중 하나는 얼마를 받을 수 있느냐입니다. 그런데 조금 더 생각해보면, 지급 가능한 기본소득 액수는 일정한 범위 안에 있을 수밖에 없다는 점을 알 수 있습니다.

　장기적으로 기본소득의 취지를 달성하려면 생계를 걱정하지 않을 만큼 넉넉한 금액을 지급하는 것이 맞겠지요. 기본소득의 주요 원칙 중 하나인 '충분성'입니다. 충분성을 달성한 기본소득을 '완전기본소득'이라고 합니다.

　그런데 대체 충분한 액수는 얼마일까요? 월 100만 원? 월 300만 원? 월 500만 원? 아니면 월 30만 원이라도 충분할까요? 사람마다 나라마다 그 수준은 다를 것입니다. 그런데 기본소득은 모든 사람에게 동일한 금액을 지급하는 제도입니다. 어느 정도 수준이 그 사회가 합의할 수 있는 '충분한 금액'일까요?

우선 현실적으로 지급 가능한 금액이 얼마인지부터 생각해볼까요. 우리나라의 1인당 국민소득은 1년에 3만 달러, 월 300만 원가량입니다. 1년 동안 우리나라에서 만들어낸 부가가치 전부를 모두에게 기본소득으로 지급하면 1인당 월 300만 원이 됩니다. 상상할 수 있는 기본소득의 최대치입니다.

생각보다 너무 적은가요? 결코 그렇지 않습니다. 1인 기준 월 300만 원이니, 2인 가족이면 600만 원, 3인 가족이면 900만 원, 4인 가족이면 1200만 원입니다. 아이들도 모두 같은 금액을 받고, 따로 사는 부모님도 받고, 일가친척들과 친구들 모두 받는다고 생각해보세요. 상당히 큰 돈입니다.

실제로 기본소득을 월 300만 원씩 받을 수는 없습니다. 우리나라의 1년 GDP가 1900조 원이 조금 넘습니다. 이를 모조리 기본소득으로 지급해버릴 수는 없으니까요. 월급도 주식 배당금도 임대료 수입도 모두 사라지고 기본소득만 남긴다면 그렇게 될 수 있다는 '상상의 최대치'입니다.

지급 금액을 설정하는 여러 기준

그렇다면 '현실적으로 구현할 수 있는 충분한 기본소득'은 얼마일까요?

연구자들은 대체로 GDP의 10~25% 수준을 제시합니다. 《21세기 기본소득》의 저자 필리프 판 파레이스 벨기에 루뱅대 교수는 그 액수가 GDP의 25%가량이 될 수 있다고 봅니다. 그 정도 금액의 기본소득을 지급한다면 사회에 분명한 변화가 생길 것이라는 이야기입니다. 우리나라의 경우 월 75만 원 수준이 될 것 같습니다. 민간 정책연구소 LAB2050에서는 GDP의 10% 수준인 월 30만 원에서 시작해 대략 17% 수준인 월 65만 원까지 높여 나가는 시나리오를 재정 분석을 곁들여 제안하기도 했습니다.

외국에서 실험하는 사례를 봐도 액수는 각기 다릅니다. 그렇지만 정리해보면 어느 정도 윤곽을 잡을 수 있습니다.

독일경제연구소가 민간 기부금으로 진행하는 기본소득 실험은 2022년부터 120명을 대상으로 3년간 이루어집니다. 이 실험에서는 매달 1200유로(약 160만 원)를 지급합니다. 독일 1인당 GDP의 3분의 1쯤 되는 높은 액수입니다. 우리나라로 따지면 월 100만 원쯤 되겠지요.

핀란드 정부의 기본소득 정책 실험에서는 1인당 월 560유로(약 70만 원)를 지급했습니다. 핀란드의 장기 실업자가 받는 실업급여 액수와 비슷합니다. 가장 어려운 사람들에게 최소한으로 필요한 금액을 기본소득 액수로 상정했다는 사실을 알 수 있습니다.

독일과 핀란드의 경우 '생계에 필요한 최소한의 금액'을 기본소득 금액 설정의 기준으로 여겼습니다.

미국 알래스카에서는 다른 접근을 합니다. 알래스카주는 예전에 석유 채굴로부터 얻은 목돈으로 '영구배당기금'을 만들었습니다. 그 기금을 운용해 얻은 수익을 주민 전체에게 똑같이 나누어 1년에 한 차례 지급합니다. 따라서 기금 운용 실적에 따라 금액이 달라집니다.

최근 5년 동안의 운용 실적을 기준으로 지급하는데, 2015년에는 연간 2072달러가 지급되었고, 2020년에는 992달러가 지급됐습니다. 대략 월 10만~20만 원 사이에서 지급되지만 금액을 정확히 예측할 수 없다는 점을 알 수 있습니다.

알래스카는 '확보 가능한 재원을 주민 수로 나눈 금액'을 기본소득 설정 기준으로 삼은 것입니다.

이상을 종합해보면, 아마도 어떤 나라에서든 기본소득제를 도입한다면 '최소한의 생계에 필요한 금액'을 중장기 목표로 잡되, '재원 마련이 가능한 금액'으로 시작하는 방식이 될 가능성이 높습니다. 즉 작은 금액으로 시작해 수십 년에 걸쳐 차차 늘려가게 될 것입니다.

실은 대부분의 복지제도가 이런 방식으로 운영됩니다.

국민연금을 예로 들어볼까요?

국민연금은 1988년에 도입되었지만 이때는 10인 이상 사업장의 노동자만이 가입 대상이었습니다. 그 뒤 농어촌 및 도시 지역과 10인 이하 사업장으로 가입 대상을 확대하기까지 20년 가까이 걸렸습니다.

65세 이상 국민에게 지급하는 기초연금은 어떨까요?

기초연금은 '기초노령연금'이라는 이름으로 2008년에 시작되었습니다. 처음에는 소득에 따라 8만~9만 원을 지급하다가 2014년에 월 20만 원으로 확대되었습니다. 2021년에는 최고 월 30만 원까지 지급하고 있습니다. 소액으로 시작해 조금씩 액수를 늘리면서 십수 년 동안 자리를 잡아온 것입니다.

단계적으로 높여 나가기

기본소득제도 이와 비슷한 방식으로 도입될 가능성이 높습니다. 만약 우리나라가 기본소득제를 도입한다면, 얼마부터 시작해 얼마까지 높여갈 수 있을까요? 아마 처음에는 연간 10만~50만 원가량에서 시작할 가능성이 높습니다. 재정이 허락하는 방식으로 시작해야 하니 그렇습니다. 이렇게라도 도입된다면 공론화 과정을 거치면서 1단계에서는 1인당 국민소득의 10%인 월 30만 원 수준까지 높이려는 움직임이 나타날 것으로 보입니다.

궁극적으로는 '최소한의 생계비' 수준까지 높아져야 충분한 기본소득이라고 할 수 있을 텐데, 이 수준은 아마도 핀란드나 독일에서처럼 어려운 사람들에게 지급되는 기존 수당의 수준과 비교되며 수렴해갈 가능성이 높습니다. 현재로서는 기초생활보장제도상의 생계급여가 그 기준이 될 수 있습니다. 2022년 1인 가구 기준으로 월 58만 원가량이며, 매년 물가 등을 고려해 상승합니다.

좀 더 높아지면 좋겠지요? 다만 아무리 높아지더라도 판 파레이스 교수가 제안한 대로 국민소득의 4분의 1인 월 75만 원이 되거나, 독일경제연구소 실험에서처럼 국민소득의 3분의 1인 월 100만 원까지 가는 게 우리나라 현실에서 구현할 수 있는 최대치의 '완전기본소득'이 될 것입니다.

월 75만 원도 너무 적게 느껴지시는지요? 이는 GDP의 4분의 1이나 되는 큰 액수입니다. 18장의 '푼돈 받아서 뭐 하나요?'에 더 자세한 설명이 있습니다.

거꾸로 GDP의 4분의 1이 너무 많다고 느껴질 수도 있겠네요. 정말 너무 많은 것인지 아닌지는 다음 6장의 '현찰로 주는 것인가요?'에서 좀 더 설명해드리겠습니다.

핵심정리

기본소득 금액은 처음에는 조달 가능한 소액으로 출발해 장기간에 걸쳐 최소한의 생계비 수준까지 높이며 '충분성'을 갖추게 될 것이다.

안녕하세요, 기본소득입니다

(6)
현찰로 주는 것인가요?

기본소득의 지급 방식

　뭐니 뭐니 해도 기본소득의 가장 큰 특징이자 매력은 '현금성'입니다. 내가 어디든 쓸 수 있는 현금으로 지급한다는 '현금성'도 기본소득의 주요 원칙 중 하나입니다. 어디든 쓸 수 있어야 나에게 더 큰 경제적 자유를 줄 수 있겠지요? 물품으로 준다면 내가 선택할 수가 없으니까요.

　정부가 개인에게 주는 혜택은 '현물'인 경우도 많습니다. 바로 사용할 수 있는 물품이나 서비스를 주는 것이지요.

　예를 들면 산불이나 홍수가 나서 많은 구성원들이 집과 재산을 잃은 재난 지역이 있다고 생각해봅시다. 정부는 보통 옷이나 음식을 보내주죠. 민간 비영리단체들도 옷가지나 담요 등을 모아서 보내줄 때가 많습니다.

현물 지급 방식의 장점

왜 재난 지역에는 현금을 보내주지 않고 물건을 먼저 보내 주는 것일까요? 현지에서 물건을 구하기가 어렵기 때문입 니다.

저는 동일본 대지진 이후 일본을 방문한 적이 있습니다. 쓰나미가 덮친 마을은 집이나 건물 여기저기가 부서진 상태 로 방치되어 있고, 사고 난 원전과 가까운 거리에 있는 마을 은 아예 주민들이 거의 떠난 상태였습니다. 이런 지역이라면 현금을 보내줘도 쓸 수가 없겠다는 생각이 들었습니다. 식품 을 사려 해도 가게가 문을 닫은 상태이고, 옷을 장만하려 해 도 옷가게가 무너져 살 수 없는 상황입니다. 당연히 이런 경 우에는 물품 지원이 더 큰 도움이 됩니다.

현물 중에는 이런 물품 말고 '사회 서비스'도 있습니다.

보육 서비스를 생각하면 이해하기 쉽습니다. 집에 어린아 이가 있다면 어린이집에 보내기 위해 신청할 수 있습니다. 일정한 자격이 된다면 적은 비용만 내고 아이를 맡길 수 있

안녕하세요, 기본소득입니다

습니다. 장기요양보험도 마찬가지입니다. 내가 몸이 아픈 노인이라면 요양 보호사를 집으로 찾아오게 하여 나를 일정 시간 동안 돌봐달라고 신청할 수 있습니다. 이것은 돌봄 서비스입니다. 병에 걸리거나 다치면 건강보험 혜택을 받으며 병원을 이용할 수 있는데, 이건 의료 서비스라고 할 수 있고요.

사회 서비스란 이렇게 정부가 비용을 지불하고 사람을 보내거나 시설을 사용하게 해주는 것입니다. 이론적으로 표현하자면 '정부가 서비스를 구매해 개인에게 지급한다'고 말할 수도 있습니다.

물품이나 사회 서비스 같은 현물급여는 내가 처한 문제를 직접적으로 해결해준다는 장점이 있습니다. 재난 지역처럼 물품 공급이 원활하지 않은 곳에서는 현금을 받아도 소용이 없습니다. 또 내가 몸이 아플 때도 마찬가지입니다. 아픈 사람이 돌봐줄 사람을 직접 찾는 일은 어려울 수 있기 때문입니다. 만일 아이 돌봄을 지원하는 현금 수당을 충분히 받게 되더라도, 어린이집이 근처에 없다면 필요할 때 아이를 맡길 수 없게 됩니다.

이런 경우 물품이나 사회 서비스 같은 현물이 더 나은 지원 방법이 됩니다. 정부가 현물을 구매해 지급하거나 국립병원처럼 직접 서비스를 제공하는 역할을 하면 공급이 잘되는 효과가 생기니까요.

기본소득을 물건으로 받기 어려운 이유

하지만 이런 현물급여는 문제점도 있습니다. 사실 정부가 주는 현물을 받을 때마다 다들 느끼는 문제인데요. 정확하게 내가 원하는 물품이나 서비스를 받기는 참 어렵다는 점입니다.

코로나19로 학교가 문을 닫으면서 아이들이 점심 급식을 먹지 못하는 일이 생겼습니다. 처음에 교육청에서는 음식 재료를 집으로 보내주었습니다. 그런데 집집마다 좋아하는 음식이 다르고, 조리 환경도 천차만별입니다. 같은 식재료를 보내주면 불만이 생기지 않을 수 없지요. 원성이 터져 나오자, 편의점에서 사용할 수 있는 쿠폰을 지급했습니다.

현물의 문제점이 드러나서 현금에 가까운 수단으로 지원 방식을 바꾼 사례입니다. 현물의 단점과 현금의 장점이 대비된 장면이었지요. 편의점에 고를 수 있는 음식이 많으니, 쿠폰을 지급하는 방식이 훨씬 나았던 것입니다.

만일 우리나라가 저개발국이어서 음식을 살 수 있는 곳이

안녕하세요, 기본소득입니다

별로 없고 좋은 식재료를 구하기도 어렵다면, 정부가 재료를 정해서 보내주는 방법이 더 나았을지도 모릅니다. 돈이 있어도 실질적인 선택권이 없으니까요. 하지만 음식 공급이 잘되는 상황에서는 현금을 주는 방식이 훨씬 낫습니다. 충분히 좋은 음식을 구할 수 있으니 선택권이 넓어지는 것입니다.

이런 이유로 선진국일수록 현금급여의 비중이 높습니다. 미국의 경우 정부가 개인에게 지급하는 현금급여의 비중이 GDP의 14.5%이고, 현물급여의 비중은 6%밖에 되지 않습니다. 핀란드는 현금급여 18.2%, 현물급여 15.4%이고, 프랑스는 현금 19.4%, 현물 15%이지요.

선진국의 경우 현금급여 비중이 생각보다 높지요? 기본소득이 아직 지급되지 않고 있는데도 그렇습니다. 이 나라들은 지금 있는 제도를 잘 정비해 기본소득으로 통합할 수도 있겠다는 생각이 듭니다.

5장에서 충분한 기본소득은 GDP의 20~25%라고 했는데, 그때는 너무 많아 보였지요? 1년 동안 나라에서 벌어들인 돈 전체의 4분의 1을 기본소득으로 나누어주면 큰일이 날 것 같았지요?

하지만 지금 이 수치를 보니 20~25%도 그렇게까지 높은 금액은 아닌 것 같습니다. 핀란드나 프랑스는 이미 그 수준에 도달해 있는데, 그래도 큰일이 일어나지는 않은 것 같고요. 오히려 우리나라보다 행복하고 살기 좋은 나라로 인정받고 있는 것 같습니다. 핀란드는 유엔 자문기구인 '지속가능발전해법네트워크'가 매년 발표하는 세계행복보고서에서 늘 1위를 다툽니다. 프랑스도 20위 수준을 유지합니다. 50위권 이하인 우리나라를 압도합니다.

반면 우리나라는 아직 정부가 사회보장을 위해 지급하는 현금의 비중이 GDP의 5.8%에 불과합니다. 현물 비중도 9.6%로 낮지만, 현금 비중은 더 낮습니다(2019년 기준).

그래서 경제적 자유를 높이기 위한 기본소득은 현금으로 지급하는 것이 원칙입니다. 경제적 자유를 가지려면 선택권이 넓어야 하니까요.

다만 현실에서는 기본소득을 현금과 유사한 지역화폐로 지급하자는 논의가 진행되고 있기도 합니다.

기본소득을 가상화폐로 줄 수 있을까

지역화폐는 특정 지역 내에서 소상공인 등 일정 규모의 사업장에서만 쓸 수 있는 화폐입니다. 유흥업소 등에서 사용할 수 없도록 용도 제한을 둔 경우도 있습니다. 지역화폐는 체크카드처럼 별도의 카드에 넣어주기도 하고, 신용카드나 체크카드에 포인트처럼 넣어주기도 합니다. 또한 보통 유효기간을 두어 한시적으로 사용할 수 있게 합니다. 즉 지역화폐는 저축이나 투자 용도로 사용할 수는 없고 소비에만 사용해야 합니다.

다만 해당 지역 안에서는 가급적 용도를 넓혀서, 대부분의 음식점이나 마트 등에서 사용할 수 있게 하는 것이 일반적입니다. 음식점 등을 운영하는 사업자가 지역화폐를 받으면 이를 현금으로 교환할 수 있지요.

2020~2021년 코로나19 시기에 지급됐던 전 국민 재난지원금과 국민지원금은 지역화폐로 지급되었습니다. 경기도 청년기본소득도 지역화폐로 지급되었지요. 스페인 바르셀로나에서는 비민컴(B-MINCOME)이라는 저소득 지역 최저소득 보장 실험을 진행했는데요, 이때도 실물경제화폐(REC: real economy currency)라는 지역화폐로 지급해 지역 소상공인 경제를 활성화했습니다.

지역화폐는 돈이 지역경제 안에서 돌면서 경제 활성화에 기여하도록 할 용도로 도입되었습니다. 지역 주민들에게 소득이 생기더라도, 그 돈을 서울의 대기업 물건을 사는 데 몽

땅 써버린다면 곤란하기 때문입니다.

기본소득이 도입되어 나의 경제적 자유와 안정감을 높여주더라도, 내가 사는 지역의 자영업자와 중소기업들이 활기를 잃는다면 그 효과가 반감될 수도 있겠지요. 내가 받은 기본소득이 지역에 순환되면 동네의 부가 늘어나 더 많은 경제적 자유를 함께 누릴 수도 있을 테니까요. 지역화폐가 그 해법으로 적용된 것입니다.

기술적으로 더 앞서가는 아이디어도 나와 있습니다. 블록체인 기반의 디지털 화폐로 지급하는 방법입니다. 영국의 금융 전문가 프랜시스 코폴라는 중앙은행이 모든 사람에게 전자지갑을 만들어주고 디지털 화폐를 발행해 기본소득을 지급하자고 제안했습니다. 쉽게 말하면 한국은행이 통장을 하나씩 만들어주고 매달 일정한 금액의 디지털 화폐를 넣어주는 방법이지요. 이 디지털 화폐는 어디에 사용되고 어디로 순환되는지 모두 기록될 것이고요. 일정한 기간이 지나면 그 기록이 사라질 수도 있습니다. 현금이라고는 하지만, 지폐나 동전으로는 아예 존재하지 않는 돈입니다.

민간에서 가상화폐 기본소득을 주자는 아이디어도 나와 있습니다. 미국의 '월드코인'이라는 기업은 아예 정부가 개입하지 않고 전 세계 모든 개인에게 블록체인 기반의 가상화

안녕하세요, 기본소득입니다

폐로 지급하는 기본소득을 제안합니다. 이 기업은 홍채 인식을 통해 자신이 인간임을 입증하는 모든 사람에게 일정한 규모의 가상화폐를 지급하겠다는 계획을 내놓았죠. 정부가 발행한 화폐 없이도 거래가 가능하게 하겠다는 것입니다. 정부 기능이 약한 저개발국이나 오지에서 먼저 활동하겠다는 계획입니다.

핵심정리

기본소득은 현물이나 서비스 대신 현금으로 지급하는 것이 원칙이다. 이를 기본소득의 '현금성'이라고 부른다. 현실에서는 현금과 유사한 지역화폐를 통해 지급되고 있기도 하다.

〔 7 〕
청년기본소득도
기본소득인가요?

기본소득의 종류

앞서 기본소득은 모든 사람에게 아무 조건 없이 정기적으로 지급되는 현금이라고 말씀드렸습니다. 그런데 현실에는 이미 '기본소득'이라는 이름이 붙은 정책이 여럿 존재합니다. 모든 사람이 대상이 아니거나, 조건이 붙어 있는 경우가 많고요. '청년기본소득'도 그렇고, '농민기본소득'도 그렇습니다. 이런 제도 역시 기본소득일까요?

결론부터 말씀드리죠. '기본소득'이라는 말이 들어 있어도 3장에서 설명했듯 보편성, 무조건성, 개별성 중 하나라도 갖추지 못한다면 원칙적으로 기본소득이 아닙니다. 다만 이 세 가지 특성 가운데 보편성 또는 무조건성을 가지고 있다면 조금 다르게 볼 필요가 있습니다. 보편적 기본소득이 도입되는 과정에서 나타난 과도기적 형태의 소득보장제도이거나, 운용하기에 따라서 기본소득제와 부분적으로 비슷한 효과를 낼 수 있는 제도라고 할 수 있습니다.

예를 들어 경기도 청년기본소득을 볼까요? 만 24세인 경기도 거주자 개인에게 분기별로 25만 원씩 1년간 총 100만 원을 지역화폐 형태로 지급하는 제도입니다.

사실 보편적 기본소득제와는 다릅니다. 모든 사람에게 주는 것이 아니니, 보편성 원칙에 어긋나죠. 하지만 경기도에 거주하는 만 24세인 사람이라면 소득이나 재산이나 취업 및 구직 노력 여부와 관계없이 지급되니 무조건성 원칙은 충족합니다. 또한 가족이 아니라 개인에게 지급되므로 개별성 원칙도 충족하고요.

따라서 청년기본소득은 보편적 기본소득은 아니지만 유사한 제도라고 할 수 있습니다. 이를 점점 확대해 경기도에서 전국으로, 만 24세에서 전 연령으로 확대하면서 보편성을 확보하면 보편적 기본소득이 됩니다. 여기에 지급 금액을 늘려 충분성까지 확보하면 완전기본소득이 됩니다.

비슷한 제도로 아동수당이 있습니다. 우리나라에서는 만 7세 미만의 아동에게 월 10만 원의 수당이 지급됩니다. 비록

'기본소득'이라는 이름은 붙어 있지 않지만, 아동수당은 무조건성과 개별성을 충족합니다. 보편적이지는 않지만, 일정한 연령의 개인에게 조건 없이 지급하는 소득이니까요.

범주형 기본소득과 참여소득

이렇게 특정한 연령을 대상으로 한 소득 보장 정책은, 무조건성과 개별성을 충족한다면 그 자체로 기본소득의 효과도 어느 정도 냅니다. 보편적 기본소득처럼 내가 어떤 상황에서건 언제나 받을 수 있는 소득은 아니지만, 어느 정도 예측이 가능하기 때문에 계획을 세울 수 있으니까요. 그리고 이런 정책이 조금씩 확대되어 점점 보편적 기본소득에 접근하게 된다면 과도기적인 기본소득이라고 볼 수도 있겠지요.

이런 제도를 범주형 기본소득이라고 부릅니다.

전라남도, 충청남도, 경기도 등 몇 개 지방자치단체에서는 농민기본소득 제도를 도입하기도 했습니다. 그 지역에 사는 주민들에게 소득을 지급하는 정책입니다. 그런데 조건이 붙어 있습니다. '농민'이라야 한다는 것이지요. 농사짓는 일을 직업으로 삼아야 한다는 이야기입니다.

안녕하세요, 기본소득입니다

농민기본소득은 보편적이지 않습니다. 모두를 대상으로 하는 게 아니니까요. 농업에 참여해야 한다는 조건도 붙어 있습니다. 개인에게 지급한다면 개별성을 충족할 수 있겠지만, 현재 농민기본소득 일부는 개인이 아니라 가구를 대상으로 지급되고 있습니다.

이런 제도는 기본소득일까요? 결론부터 말씀드리자면 기본소득은 아닙니다. 이런 제도는 기본소득의 사촌쯤 되는 '참여소득'이라고 부릅니다. 농민기본소득 이외에도, 지역 공동체의 자원봉사 활동에 참여하거나, 노인 돌봄이나 아동 돌봄에 참여할 경우 소득을 지급하는 제도도 제안되고 있는데요. 이런 정책들은 모두 참여를 조건으로 내건 '참여소득'입니다.

그런데 농민기본소득을 조금 바꿔 '농촌기본소득'으로 지급한다면 어떨까요? 농업에 참여해야 한다는 조건을 걸지 않고, 농촌에 산다면 조건 없이 지급하는 소득으로 바꾸는 것이지요.

이렇게 된다면, 농촌기본소득은 연령별 기본소득처럼 범주형 기본소득제라고 할 수 있습니다. 과도기적이라고 볼 수도 있지요. 특정 지역에 한정하므로 보편성은 갖추지 못하지만, 무조건성과 개별성을 충족하니까요. 또한 농촌기본소득의 지역을 확대하면 보편적 기본소득이 되니, 과도기적이라고 볼 수도 있지요.

국민연금의 확대 과정을 보면, 이런 범주형 기본소득으로 출발해 보편적 기본소득으로 발전하는 길도 가능하다는 것을 알게 됩니다. 국민연금은 1988년 10인 이상 종사 사업장의 노동자만을 대상으로 시작됐습니다. 그러다가 농촌 지역의 거주자를 지역 가입자로 받아들여 확대됐고, 마지막으로 도시 지역 주민을 지역 가입자로 받아들여 완성되었습니다.

음의 소득세

기본소득과 비슷한 정책을 이야기할 때 빼놓을 수 없는 것이 '음(-)의 소득세'입니다. 참 어려운 이름이지요? 소득세는 세금인데, 세금이 마이너스라는 게 무슨 뜻일까요?

음의 소득세는 노벨경제학상 수상자인 밀턴 프리드먼이 1960년대에 제안해 유명해진 제도입니다. 모든 가구의 소득을 평가해 소득이 일정 수준 이하인 가구에는 보조금을 지급하고, 그 이상인 가구로부터는 소득세를 걷자는 제안이었습니다. 특히 기준 소득보다 소득이 낮을수록 지급 금액이 점점 더 많아지고, 기준 소득보다 높을수록 소득세가 점점 더 높아지도록 설계해 양쪽의 플러스마이너스 값을 합치면 0이 되게 만들자는 내용이 독특해 많은 논의가 이뤄졌습니다.

기준 소득 이상 가구는 양(+)의 소득세를 납부하지만, 그이하인 가구는 음(-)의 소득세를 내는 것처럼 소득이 낮을수록 보조금이 늘어난다는 점에 착안해 이런 이름을 붙였다고 합니다. 다분히 경제학자다운 작명이군요. 용어가 어렵다 보니 우리나라에서는 '안심소득'이나 '공정소득'이라는 다른 이름으로 불리기도 합니다.

음의 소득세는 기본소득처럼 보편성을 갖고 있습니다. 모든 가구가 그 대상이니까요. 하지만 소득 수준에 따라 선별 지급하는 제도이니, 무조건성은 충족하지 못합니다. 그리고 가구를 대상으로 지급하므로, 개별성도 충족하지 못하네요.

이렇게 보면 음의 소득세와 기본소득제는 아주 다른 제도인 것 같습니다. 하지만 놀랍게도 결과적으로 받는 소득에서 내는 세금을 빼고 계산해보면, 개인들이 받는 혜택은 비슷합니다. 행정적으로는 아주 다른 제도이지만, 경제적으로는 같은 결과를 얻는 제도인 것이지요. 특히 소득세를 더 거두어 기본소득을 지급한다면 그렇게 됩니다.

소득세는 누진적입니다. 소득이 많을수록 세금을 더 많이 내야 합니다. 기본소득 재원을 마련하기 위해 소득세를 더 거둔다면 고소득자들은 받는 기본소득보다 더 큰 금액의 세금을 내야 합니다. 그러니 모든 사람에게 똑같은 금액의 기본소득을 지급하더라도, 결과적으로는 소득 수준에 따라 손해를 보는 사람도 있고 이익을 보는 사람도 있을 것입니다.

즉 소득세를 거두어 분배한다면, 기본소득제는 소득이 많을 때 더 내고, 소득이 적을 때 더 받는 제도가 됩니다. 다만 소득세 이외의 재원으로 지급한다면 결과가 조금 다를 수 있습니다. 다양한 재원 마련 방식에 대해서는 8장에서 자세히 다루겠습니다.

하지만 음의 소득세와 기본소득은 실용적으로는 유사하지만 본질적인 차이가 있습니다. 기본소득의 가장 중요한 원칙 중 하나가 보편성인데요. 보편성은 모든 사람을 하나로 묶어주는 효과를 낸다고 3장에서 말씀드렸습니다. 다른 제도가 부자와 가난한 사람, 나와 다른 사람을 선별해 나누는데 반해 기본소득은 그렇지 않다는 게 가장 큰 장점입니다. 하지만 음의 소득세는 그 경계선을 분명하게 긋지요.

'가난한 사람'이라는 딱지는 우리 사회에서 무능하다는 낙인이나 다름없습니다. 그 딱지가 한번 붙은 사람이 다시 일어나기는 쉽지가 않습니다. 게다가 음의 소득세는 개인이 아

안녕하세요, 기본소득입니다

니라 가구를 대상으로 하기에, '가난한 집'이라는 딱지를 붙입니다.

사회가 통합되려면, 그런 낙인은 아예 없애야 합니다. 기본소득이 바로 그 취지에 맞는 제도이지요.

재난지원금과 기본소득의 결정적 차이

마지막으로 2020년과 2021년 코로나19 상황에서 지급됐던 전 국민 재난지원금은 어떨까요? 특히 2020년에는 소득과 관계없이 모든 가구에 가구원 수에 따라 재난지원금을 지급했습니다. 소득 상위 12%를 제외하고 88% 가구에만 지급했던 2021년과 달랐습니다.

2020년의 전 국민 재난지원금은 보편성과 무조건성을 충족했습니다. 다만 개별성을 충족하지 못했지요. 그래서 많은 분들이 이 제도가 기본소득과 유사하다고 느꼈을 것입니다.

다만 결정적 차이가 있지요. 4장에서 이야기한 '정기성'을 충족하지 못한다는 것입니다. 한시적으로 지급되는 소득은 기본소득이라고 부를 수 없습니다. 삶의 계획을 세우고 경제적 자유를 얻게 해주지는 못하니까요. '경제적 자유'를 증진

시키는 기본소득과 달리, 재난지원금은 소비 진작 효과를 일으키는 데 그 목적이 있었다고 볼 수 있습니다.

핵심정리

청년기본소득이나 아동수당은 특정 연령에 한정해 무조건성과 개별성을 충족하는 범주형 기본소득이며, 이는 과도기적 기본소득으로 볼 수 있다.

안녕하세요, 기본소득입니다

(8)
무슨 돈으로 주나요?

기본소득의 재원

기본소득제에 대해 관심을 가지면서도 '기본소득을 지급하느라 나라 재정 적자가 늘어 문제가 생기는 게 아니냐', '후손에게 빚을 물려주는 것 아니냐', '돈이 너무 풀려서 물가가 폭등하는 것 아니냐'라고 묻는 분이 많습니다.

돈을 찍어내고 국가 부채를 늘려서 기본소득을 지급한다면 이런 문제가 생길지도 모르겠습니다. 하지만 도입 초기 금액이 낮을 때는 기존 정부 예산을 아껴 지급할 수 있으므로 문제가 생기지 않습니다. 차차 액수가 커지더라도 증세로 재원을 마련한다면 고민은 훨씬 가벼워집니다.

거둔 돈이나 아낀 돈을 나누면 국가 재정에는 문제가 생기지 않습니다. 적자를 일으키지 않는다면 국가 부채도 없을 테니 후손에게 빚을 물려줄 일도 없습니다. 지급한 돈만큼 거두어들이니 돈이 더 풀리는 것도 아닙니다.

증세를 통해 기본소득을 지급하면 재정 적자도, 국가 부채도, 인플레이션도 크게 걱정하지 않아도 됩니다. 기본소득을 연구하는 많은 사람들이 증세를 통해 재원을 마련하는 방법을 찾는 이유입니다.

내가 낸 세금이 다시 나에게로

세금을 올린다니 금세 다시 걱정이 되시나요? 하지만 기본소득 지급을 위한 증세는 그냥 세금을 올리는 것이 아닙니다. 세금을 더 내면서 없던 소득이 생기니까요. 기본소득은 보편성과 무조건성과 개별성을 갖고 있다는 점을 다시 한번 생각해보세요. 모든 사람에게 같은 금액을 지급하는 제도이니, 세금을 내느라 소득이 줄어드는 동시에 기본소득으로 다시 소득이 늘어납니다. 거둔 세금 전액을 바로 다시 배분하는 개념이라고 보면 됩니다.

따라서 기본소득을 위한 증세는 다른 증세와는 성격이 판

안녕하세요, 기본소득입니다

이합니다.

정부가 특정한 사업을 하기 위해 증세를 한다고 생각해봅시다. 예컨대 큰 건물을 짓는다고 하면 일단 세금을 거두어야 합니다. 그 세금으로 땅을 사고 건설회사에 맡겨 공사를 벌여야 합니다. 공사를 마치면 건물을 사용하게 됩니다. 이 과정에서 돈을 벌거나 건물을 사용하면서 혜택을 받는 사람들은, 세금을 낸 사람들과 다를 수 있습니다. 세금의 정확한 사용처를 보여주는 것은 너무나 복잡하고 어렵습니다. 따라서 납세자들에게는 세금에 대한 불신이 쌓일 수밖에 없습니다.

복지정책도 비슷합니다. 경제 형편이 어려운 사람들에게 지급하는 수당을 새로 만든다고 생각해봅시다. 일단 세금을 거두어야 합니다. 그 뒤 어려운 사람들을 찾아내고 가려내는 공무원들을 채용해야 합니다. 그러고 나서 수당을 지급합니다. 이 경우에도 납세자는 이 돈이 어디에 사용되었는지 잘 모릅니다. 그리고 납세자와 수혜자가 서로 다릅니다.

기본소득은 납세자가 동시에 수혜자입니다. 또한 건설 공사를 위탁하거나 수행하는 조직을 새로 만들거나 하는 과정이 거의 없습니다. 납세자들은 거의 정확하게 자신이 낸 세금이 다시 돌아오는 과정을 볼 수 있습니다.

세금으로 기본소득을 지급한다면, 납부한 세금의 총액이

지급된 기본소득의 총액과 같습니다. 즉 개인별로는 다르지만, 국민 전체로는 낸 세금이 그대로 현금으로 돌아온 셈입니다. 순증세 효과는 0에 가깝습니다.

연구자들은 좀 더 구체적인 재원 마련 방안을 내놓고 있습니다. 다양한 재원 마련 방안이 제시되지만 그중 몇 가지를 소개합니다.

재원 마련 방안 첫 번째, '소득세'

소득세는 벌어들인 돈에 일정한 세율을 적용해 거둡니다. 누진세 구조를 갖고 있어 소득이 많을수록 세율도 높습니다. 따라서 소득세를 재원으로 기본소득을 도입한다면, 버는 돈에 비례해 세금을 내지만 동시에 정해진 액수의 기본소득을 받게 됩니다.

일정 금액 이상의 소득을 벌 때는 추가로 내는 소득세가 받는 기본소득보다 많을 것입니다. 그 이하의 소득을 벌 때는 받는 기본소득이 추가로 내는 소득세보다 많을 것입니다. 즉 내가 소득이 많을 때 세금을 더 내고 소득이 적을 때 조건 없는 기본소득을 받는다고 생각하면 됩니다.

안녕하세요, 기본소득입니다

가족 중에는 소득이 있는 사람과 없는 사람이 섞여 있다는 점도 중요합니다. 소득이 없는 가족은 받는 기본소득은 있지만 내는 소득세는 없습니다. 따라서 소득이 있는 구성원이 세금을 더 내더라도 소득이 없는 구성원이 기본소득을 받는다면, 가족 전체로 따졌을 때 소득이 늘어날 가능성이 높습니다.

소득세는 노동자의 근로소득에 매기는 근로소득세와 개인사업자의 사업소득에 매기는 사업소득세로 나뉩니다. 근로소득과 사업소득을 합쳐 통합소득이라고 부르기도 합니다. 이 두 소득은 기본적으로 같은 세율을 적용하는 같은 성격의 소득입니다. 소득세라고 하면 주로 이 통합소득에 대한 소득세를 말하지요.

소득세를 재원으로 삼는 방법에는 구체적으로 두 가지가 있습니다.

첫째, 세금을 깎아주는 비과세 감면을 줄이는 것입니다. 그리고 그 재원을 모두에게 기본소득으로 지급하는 것입니다.

우리나라에는 많은 종류의 소득세 비과세 제도와 감면 제도가 있습니다. 소득 가운데 일부를 특정한 목적을 위해 사용하면, 그 금액에 대해서는 세금을 매기지 않는 방식입니다.

연말정산 때 등장하는 수많은 비과세 감면 항목을 떠올리면 됩니다. 1년 동안 벌어들인 소득이 5000만 원이라고 해도, 그 5000만 원 전체를 대상으로 세금을 매기는 것은 아닙니다. 근로소득자라면 기본공제를 해줍니다. 부양가족이 있으면 공제를 해줍니다. 의료비나 교육비나 신용카드 사용이나 보험료 등도 일부 뺍니다. 그렇게 수많은 항목 중 해당하는 금액을 5000만 원에서 모두 뺀 뒤 그보다 훨씬 낮은 금액의 '과세표준'을 정하고 여기에 대해 세금을 매깁니다. 미리 더 낸 금액은 연말정산을 통해 돌려받고, 너무 적게 냈다면 더 내게 됩니다.

그런데 소득세 비과세 감면은 많은 경우 고소득자에게 더 유리합니다. 예를 들어 신용카드 소득공제를 살펴보면 오른쪽 그래프와 같이 근로소득 상위층일수록 더 많이 가져갑니다. 1분위가 근로소득 하위 10%이고, 10분위가 최상위 10%입니다. 고소득자가 세율이 높으니, 같은 금액의 소득공제를 받아도 세금은 더 깎입니다. 게다가 고소득자가 소비도 더 많으니, 신용카드 사용 금액도 커서 소득공제 금액 자체가 더 클 것입니다. 그러다 보니 고소득자가 유리해지게 됩니다.

이상은 소득세가 누진세라는 점을 생각하면 당연한 결과입니다. '연말정산으로 세금을 돌려받는' 마법 안에는 '많이 벌수록 더 많이 돌려받는다'는 사실이 숨어 있는 것입니다.

안녕하세요, 기본소득입니다

근로소득 10분위별 신용카드 소득공제 현황 (단위: %, 2016~2018년 평균)

분위	값
1분위	0.0
2분위	0.8
3분위	3.2
4분위	6.7
5분위	9.7
6분위	12.2
7분위	14.9
8분위	17.5
9분위	18.6
10분위	16.4

자료: 용혜인 기본소득당 의원실

정부도 문제를 알고 있습니다. 그래서 소득세 비과세 감면 제도를 줄이려고 노력합니다. 제도를 새로 만들 때는 '일몰'이라고 해서 소멸되는 시기를 정해두는 경우가 있습니다. 당장 필요해서 만들기는 하지만 부작용이 있으므로 한시적으로 운영하는 경우입니다. 신용카드 소득공제도 일몰 제도에 해당합니다.

그런데 문제는 이게 만들기는 쉬워도 없애기는 쉽지 않다는 데 있습니다. 신용카드 소득공제만 해도, 이미 없애야 할 시기를 지났습니다. 정부가 국민의 소득을 제대로 파악하지 못하던 1999년에 도입되었지요. 다들 현금을 사용하던 시기였고요.

소득을 파악하지 못하면 세금도 매기지 못합니다. 정부가 파악하지 못하는 거대한 지하경제가 운영되고 있는 셈이었지요. 그런데 신용카드를 사용하는 사람에게 혜택을 주면 다들 사용량이 늘 테고, 그러면 작은 가게나 개인병원에서 사용하는 금액을 투명하게 알 수 있게 됩니다. 그 결과 지하경제가 줄어든다는 생각으로 도입한 게 소득공제 제도였습니다. 고소득자에게 유리하게 설계된 이유는, 그렇게 해서라도 지하경제를 줄일 수 있다면 사회 전체적으로는 더 나은 효과를 얻는다고 생각했기 때문입니다.

안녕하세요, 기본소득입니다

하지만 이제 우리나라는 현금을 거의 사용하지 않는 사회가 되었습니다. 작은 금액도 신용카드나 각종 전자지불 서비스를 통해 결제하고요. 중고거래마저도 계좌이체를 이용합니다. 마음만 먹으면 소득 파악이 대부분 가능한 투명한 사회가 된 셈이지요. 신용카드 소득공제는 이미 유통기한이 지난 제도인데 별다른 이유 없이 남아서 고소득자에게 혜택을 주고 있는 것입니다. 일몰 기간이 벌써 여러 차례 끝났지만 매번 연장되었습니다.

문제는 제도를 없애려고 할 때마다 사람들의 반발을 이기지 못해 주저앉는다는 것입니다. 정부가 신용카드 공제 제도를 실제로 일몰시키려고 할 때마다, 연말정산 때 환급금이 줄어드는 것을 걱정한 직장인들이 반발을 합니다. 고소득자에게 더 유리하다는 것을 알지만, 자신에게 돌아올 작은 혜택을 잃기 싫어하는 것입니다.

신용카드 소득공제는 많은 사례 중 하나일 뿐입니다. 실은 이미 필요가 없어졌는데 고육지책으로 운영 중인 비과세 감면 제도가 많습니다. 그리고 대부분 비과세 감면 제도가 신용카드 소득공제처럼 고소득자에게 상대적으로 유리하게 운영됩니다.

소득세 비과세 감면을 개혁해 기본소득을 지급하자는 연

구는 많이 있습니다. 작게는 1인당 연 30만 원의 기본소득을 바로 지급할 수 있다는 주장부터, 1인당 연 120만 원의 기본소득이 가능하다는 주장까지 있습니다. 어떤 경우에도 소득이 높을 때 세금을 더 내고 낮을 때 조건 없는 소득을 받자는 취지는 같습니다. 또한 어떤 경우에도 추가로 내는 세금보다 받는 기본소득이 더 큰 사람, 즉 이 제도로 이익을 보는 사람이 훨씬 더 많습니다. 비과세 감면을 얼마나 과감하게 없애느냐의 차이가 있을 뿐입니다.

둘째, 기본소득 자체에도 소득세를 매기는 것입니다.

복지국가 중에는 실업수당 같은 복지급여에도 소득세를 매기는 경우가 있습니다. 예를 들면 핀란드가 그렇습니다. '소득 있는 곳에 세금 있다'라는 원칙에 충실한 나라들입니다. 기본소득도 소득이라고 보면, 월급이나 사업소득에 매기듯 소득세를 매길 수 있습니다.

소득세는 누진세입니다. 2021년 기준으로 소득에서 모든 공제를 뺀 과세표준 금액이 연간 1200만 원이라면 그중 6%인 72만 원을 소득세로 냅니다. 그런데 1200만 원을 넘어 4600만 원까지 3400만 원 구간에서는 15%를 냅니다. 즉 소득이 4600만 원이라면 (1200만 원×6%) + (3400만 원×15%), 즉 582만 원의 소득세를 냅니다. 8800만 원까지는

안녕하세요, 기본소득입니다

24%, 1억 5000만 원까지는 35%, 3억 원까지는 38%, 5억 원까지는 40%, 5억 원 이상이면 42%입니다.

만약 기본소득에 소득세를 매기면 어떻게 될까요? 기본소득에 대한 소득세 역시 소득 수준에 따라 달리 매겨질 것입니다. 소득이 전혀 없는 시기에 기본소득 100만 원을 받고 소득공제를 전혀 받지 않는다면, 기본소득의 6%인 6만 원을 소득세로 내게 될 것입니다. 총소득과 과세표준이 100만 원이기 때문입니다. 그러다 취업을 해서 연간 소득과 과세표준이 5000만 원이 된다면, 기본소득 100만 원에 세율 24%가 적용되어 24만 원의 소득세를 내게 될 것입니다.

'소득 있는 곳에 세금 있다'라는 원칙을 적용해 기본소득에 과세를 하면, 소득이 없을 때는 기본소득 대부분을 온전히 받게 됩니다. 하지만 형편이 나아질 때는 세금을 좀 더 부담하게 됩니다. 이렇게 추가로 부담한 금액만큼 기본소득 재원으로 투입하는 것입니다. LAB2050의 2019년 연구에 따르면, 월 30만 원의 전 국민 기본소득을 도입할 경우 이런 기본소득 과세로 확보할 수 있는 재원만도 전 국민에게 1인당 연 30만 원의 기본소득을 지급할 수 있는 규모가 됩니다.

셋째, 세율을 인상하는 것입니다.

앞서 설명했던 것처럼 소득세율은 누진적입니다. 소득이

많으면 더 높은 세율로 세금을 냅니다. 그런데 기본소득제를 위한 세율 인상은 모든 소득자에 대해 똑같이 하는 것이 단순하고 이해하기 쉽습니다.

예를 들어 근로소득 세율을 일괄적으로 1%포인트 올리면 어떻게 될까요? 얼핏 모든 사람의 세금 부담이 똑같이 늘어날 것 같지만, 실제로는 그렇지 않습니다. 월 1000만 원을 버는 사람은 세금을 1000만 원의 1%인 10만 원을 더 내야 합니다. 그러나 월 100만 원을 버는 사람이라면 1만 원만 더 내면 됩니다. 세금액을 봤을 때, 소득이 많을수록 추가 부담이 커지는 것이지요.

2020년 기준으로 개인에게 돌아가는 연간 소득을 모두 합치면 1200조 원가량이 됩니다. 모두가 번 돈의 1%를 추가 세금으로 내면 12조 원의 재원이 생깁니다. 국민 모두가 1인당 24만 원씩 받을 수 있는 돈입니다. 내게 수입이 있을 때 1%를 세금으로 내면, 내가 수입이 없을 때나 내 가족과 친지들이 수입이 없을 때 모두 24만 원씩을 기본소득으로 받게 된다는 계산이 나옵니다. 5%를 더 내면 120만 원, 10%를 더 내면 240만 원의 기본소득 도입이 가능합니다.

앞서 언급한 비과세 감면 및 기본소득 과세로 낮은 수준의 기본소득제를 도입할 수 있고, 여기에 더해 세율 인상까지

안녕하세요, 기본소득입니다

합의한다면 좀 더 높은 수준의 기본소득제를 도입할 수 있게 됩니다.

재원 마련 방안 두 번째, '토지보유세'

'국토보유세'라는 이름으로 국내에 소개된 토지보유세는 기본소득의 원천인 '공통부' 이론과 잘 맞는 재원 확보 방법입니다. 땅값이 올라서 번 돈은 사실 개인의 기여 몫은 작고 사회 전체의 기여 몫이 대부분이니, 과세를 통해 모두에게 기본소득으로 나누면 경제 효율성은 물론이고 분배 공정성도 높아진다는 취지를 담고 있습니다.

우리나라의 부동산 소득은 엄청난 규모를 자랑합니다. 2019년 한 해 동안 전체 부동산 소득은 486조 원이었습니다. 우리나라 GDP의 4분의 1에 육박하는 규모입니다. 한 해 동안 기업과 개인과 정부가 벌어들인 돈 전체의 4분의 1이 부동산에서 왔다고 생각하면 됩니다.

그런데 부동산으로 이렇게 많은 돈을 벌면 경제 비효율성이 커집니다.

경제는 투자, 고용, 소비의 순환으로 이루어집니다. 기업은 돈이 벌릴 것 같은 곳에 투자합니다. 그러면서 일자리가 생기고 월급이 늘어납니다. 늘어난 월급은 추가로 상품을 구매하는 데 사용됩니다. 소비가 늘어나니 그 상품은 더 많이 팔리고 가격도 올릴 수 있게 됩니다.

그런 기회를 포착한 기업은 잘 팔리는 상품을 더 만들기 위해 추가로 투자합니다. 그 과정에서 기업이 돈을 벌고, 그러면 투자자들이 더 많아져 주가가 오릅니다. 또 소비자들이 좋아하는 상품의 공급이 늘면서 가격이 다시 떨어지게 되고, 투자가 커지니 상품의 질도 좋아져서 소비자 만족도가 높아집니다. 이게 경제의 선순환 구조입니다. 기업에 대한 투자가 생산적 투자인 이유입니다.

그런데 땅은 일반적인 상품과는 다릅니다. 땅은 양이 늘어나거나 품질이 좋아질 수 없습니다. 그냥 그 자리에 고정되어 있습니다. 공급은 한정되어 있고 품질은 달라지지 않습니다. 본질적으로 가치는 변하지 않는 것이지요. 그래서 땅에 대한 투자는 비생산적인 투자입니다.

'건물을 짓거나 땅을 일구면 품질이 좋아지는 것 아니냐'고 생각할 수도 있겠지요. 네, 맞습니다. 하지만 그건 땅 위에 세운 '인공물'의 가치가 높아지는 것입니다. 당연히 건설 투자나 개간에 들이는 노력은 가치를 높입니다. 하지만 자연물

안녕하세요, 기본소득입니다

로서의 땅은 그대로 있는 것이지요.

재산세를 낼 때 토지분과 건물분이 따로 있다는 점을 생각해보면 됩니다. 자연물로서의 토지는 그 자리에 그대로 있지만, 건물은 허물고 다시 지을 수도 있겠지요. 낡은 집을 허물고 재건축을 통해 새 집을 짓는다면 투자한 만큼 가치는 높아질 것입니다. 하지만 원래 있던 자연물로서의 땅의 가치가 높아지는 것은 아닙니다. 건물의 가치만 높아지는 것이지요.

이런 상황에서, 다른 상품에 견주어 땅값이 너무 많이 오르면 어떻게 될까요? 투자금이 상품이나 기업 대신 땅으로 몰리게 됩니다. 다만 투자금이 상품으로 몰리면 질 높은 상품이 더 많이 공급되는 것과 달리, 땅의 공급은 그대로 있습니다. 땅에 투자하지 않았다면 더 좋은 상품을 만들고 고용도 창출할 수 있었을 투자금이 땅에 묶이고 마는 것이지요.

땅값이 너무 오르면 경제 효율성이 떨어진다고 하는 이유가 여기에 있습니다. 그래서 많은 경제학자들은 땅값이 올라서 생기는 소득을 '지대'라고 부르면서 이런 지대를 줄여야 경제 효율성이 높아진다고 주장합니다.

땅 투자로 돈을 많이 버는 사회에서는 일할 의욕도 떨어집니다. 점점 더 많은 사람들이 취업하거나 창업해 열심히 일하기보다는 땅에 투자해 큰돈을 버는 데 몰두하게 됩니다.

특히 능력 있는 사람들이 노동시장에서 빠져나갈 가능성이 높아집니다. 그렇게 되면 좋은 상품을 만들지 못하기 때문에 소비자 후생도 증진되기 어렵습니다.

땅값이 오르면 분배 형평성도 깨집니다. 2019년 기준으로 우리나라 토지 소유 현황을 보면, 개인 소유 토지 전체의 절반 이상을 상위 1%가 가지고 있습니다. 상위 10% 소유자까지 합치면 거의 전부를 갖고 있습니다. 개인 토지 보유 분포는 1945년 해방 당시와 비교해보면 더 심각합니다. 그 뒤 농지개혁으로 토지를 골고루 나누었는데도 말이지요. 이런 상황이니, 땅값이 오르면 부자들에게 더 큰 부가 몰리게 됩니다.

게다가 땅값이 계속 오른다면 땅 자체의 활용 효율성도 떨어질 수 있습니다. 나중에 오를지 모른다는 생각으로 투자금을 땅에 넣어두고 땅 자체는 활용하지 않고 방치하는 일이 생깁니다. 투자해 활용하는 것보다 그대로 두었다가 나중에 주변이 개발되거나 공공투자가 일어날 때 팔아버리는 게 더 이익이라고 생각하면 이렇게 됩니다. 빈집과 빈 땅이 즐비하게 될 수도 있습니다.

토지보유세는 이런 문제에 대한 해법으로 등장했습니다. 보유세는 가지고 있는 자산의 가격에 비례해 거두는 세금입

안녕하세요, 기본소득입니다

니다. 보유세를 거두면, 땅에 대한 기대수익이 줄어드니 땅값이 떨어지게 됩니다. 땅에서 풀려난 돈이 기업에 투자될 테니 경제 효율성은 높아집니다. 더 많은 땅을 가진 사람이 더 많은 세금을 내게 되니, 분배 형평성은 높아집니다. 땅을 보유하는 비용이 높아지므로, 땅을 방치하지 않고 어떻게든 활용해 수익을 내려 노력하게 됩니다. 여러모로 경제 역동성이 높아지게 됩니다.

그런데 문제가 하나 있습니다. 이렇게 거둔 토지보유세를 어디에 사용하는 게 좋을까요? 보유세를 올리면 모든 사람의 부담이 너무 커지는 것 아닐까요?

토지보유세 기반 기본소득은 이 문제에 대한 답이라고 할 수 있습니다. 보유세를 걷되 그 재원을 모든 사람에게 기본소득으로 지급하는 것입니다.

토지보유세로 확보할 수 있는 재원은 연간 15조~30조 원 가량으로 추산됩니다. 1인당 30만~60만 원의 기본소득 지급이 가능한 재원입니다. 토지보유세가 도입되면 기존에 보유세 역할을 하고 있던 재산세 토지분은 폐지될 것입니다.

이렇게 되면 집으로 날아오던 재산세 고지서에 토지보유세와 기본소득이 함께 찍혀 있게 될 가능성이 높습니다. 해당 가구가 부담해야 하는 연간 토지보유세와 수령할 기본소득 총액을 알 수 있겠지요. 예를 들어 기본소득이 연 50만 원으로 책정되었다고 가정하면, 3인 가구이고 토지보유세를 100만 원 내는 집인 경우 '기본소득 150만 원 – 토지보유세 100만 원'이라고 고지서에 찍혀 나올 것이고, 실제로는 50만 원이 입금되는 형태로 실행될 것입니다. 토지 보유는 워낙 소수에게 집중되어 있어서, 아마도 10% 정도의 가구는 기본소득보다 토지보유세가 더 많지만 나머지 90%의 가구는 기본소득이 더 많을 것이라고 연구자들은 이야기합니다.

재원 마련 방안 세 번째, '탄소세'

기후위기는 인류가 함께 맞닥뜨린 거대한 문제입니다. 대부분의 과학자는 인간이 배출한 온실가스가 기후위기의 원인이라고 말합니다. 온실가스를 급격하게 줄이지 않으면 엄청난 환경 재앙이 닥치고 다음 세대는 지구에서 살아가기 어려울 것이라는 진단이 나옵니다.

핵심은 탄소 배출입니다. 그래서 세계 각국은 탄소 배출을 줄이기 위한 다양한 정책을 도입하고 있습니다. 탄소를 많이 배출하는 나라를 규제하기 위한 다양한 정책 수단도 등장합

안녕하세요, 기본소득입니다

니다. 어느 나라든 국제무대에서 활동하려면 탄소 배출을 줄이려는 노력을 해야만 하는 상황이 되었습니다.

탄소세는 탄소를 줄이기 위한 핵심적 정책 수단 중 하나입니다. 탄소세는 기업이나 개인이 배출하는 탄소의 양에 따라 세금을 매기는 것입니다. 주로 톤당 세금을 정합니다. 탄소 배출을 직접 측정하기 어려우니, 석유나 석탄 같은 연료에 세금을 매기기도 합니다. 모든 탄소에 매기기도 하지만, 건물이나 자동차처럼 일부 사용처에 대해 매기기도 합니다. 환경에 신경 쓰는 나라들 상당수가 92쪽의 표와 같이 탄소세를 도입하고 있습니다.

우리나라의 온실가스 총 배출량은 2019년 기준 약 7억 톤입니다. OECD(경제협력개발기구) 국가 중 6위로 매우 높습니다. 경제 규모에 비해 탄소 배출이 많은 구조인 셈이지요. 이를 낮추기 위해 많은 노력이 필요합니다. 그래서 탄소세 도입을 주장하는 전문가가 늘고 있습니다.

그런데 거둔 탄소세를 어디에 사용할지에 대해서도 갑론을박이 벌어집니다. 환경 문제로 거둔 세금이니 환경 문제 해결에 투자해야 한다는 주장도 있습니다. 그러면 환경 기술이나 기업에 주로 투자하게 됩니다.

하지만 환경은 우리 모두의 것이니 모두에게 골고루 나

탄소세 현황 (유럽 16개국: 2019년 기준)			
국가	CO2e* 톤당 세액 (유로)	적용되는 온실가스 배출 비중	도입 연도
스웨덴	112.08	40%	1991
스위스	83.17	33%	2008
핀란드	62.00	36%	1990
노르웨이	52.09	62%	1991
프랑스	44.00	35%	2014
아이슬란드	27.38	29%	2010
덴마크	23.21	40%	1992
영국	20.34	32%	2013
아일랜드	20.00	49%	2010
슬로베니아	17.00	24%	1996
스페인	15.00	3%	2014
포르투갈	12.74	29%	2015
라트비아	5.00	15%	2004
에스토니아	2.00	3%	2000
우크라이나	0.33	71%	2011
폴란드	0.07	4%	1990

*CO2e: 다양한 온실가스 배출량을 이산화탄소 배출량으로 환산한 값
출처: OECD, World Bank

안녕하세요, 기본소득입니다

뉘주는 기본소득 형태로 사용해야 한다는 주장도 나옵니다. 2019년 1월 〈월스트리트저널〉에 '탄소배당에 관한 경제학자들의 성명서'가 실렸습니다. 노벨경제학상 수상자 28명을 포함해 경제학자 3623명이 서명한 성명서였습니다. 탄소세를 도입하되, 그 공평성과 정치적 실현 가능성을 최대로 높이기 위해서는 모든 사람에게 탄소배당으로 돌려줘야 한다는 주장을 담고 있었습니다. 탄소세를 기본소득 형태로 배당하자는 주장이 경제학계에서 나온 것입니다.

그럼 탄소세로 마련할 수 있는 재원은 얼마나 될까요? 최대로 걷을 수 있는 액수는 톤당 6만 원 정도가 될 것으로 예상됩니다. 미국 바이든 정부가 2021년 2월에 발표한 추정치입니다. 미국은 이산화탄소 배출량의 톤당 사회적 비용을 계산했습니다. 그랬더니 2020년에는 51달러, 2025년에는 46달러, 2030년에는 62달러로 추정되었습니다.

탄소세를 최대치로 거둔다면 이 사회적 비용 전체를 거둘 수도 있을 것입니다. 우리나라의 배출량 7억 톤에 6만 원을 곱하면 연간 42조 원이 됩니다. 국민 1인당 80만 원가량 됩니다.

물론 이렇게까지 한꺼번에 거두기는 어렵습니다. 일단 전체 배출량의 4분의 1 정도에 대해서만 부과하면서 시작할 수도 있을 것입니다. 사회적 비용 전체를 세금으로 매기기보다는, 이 가운데 절반 정도로 천천히 시작할 수도 있을 것입니다. 이렇게 줄이면 국민 1인당 10만 원가량이 됩니다.

탄소세를 거둔다면, 탄소를 배출하는 활동은 상대적으로 줄어들 가능성이 높습니다. 석탄화력 발전이 줄어들게 될 것이고 태양광이나 풍력 등 재생에너지 발전이 늘어날 것입니다. 가정에서도 공장에서도 석유나 연탄은 자취를 감추고 점점 더 전기를 많이 사용하게 될 것입니다. 휘발유 자동차는 줄어들고 수소차, 전기차가 늘어날 것입니다. 먼 거리를 여행하는 데는 비용이 좀 더 많이 들 것입니다.

사실 많은 사람들이 비용을 조금 더 지출하고 불편을 감수해야 하는 과정입니다. 받아들이기 힘들 수도 있습니다.

이 재원을 모두에게 배당해 기본소득으로 사용한다면, 이런 불편을 보상하는 성격이 될 것입니다. 조금 비용을 내는 대신 적절한 보상을 받게 됩니다. 모두가 공유하는 자연을 지키는 대가라는 철학이 반영된 정책이라 할 수 있습니다.

이 밖에도 데이터세나 로봇세를 기반으로 기본소득을 지급하자는 논의도 있습니다. 빅데이터는 사람들이 만든 공통부이고 엄청난 가치를 만들어내고 있지만, 일부 기업이 이익으로 챙겨가고 있다는 데서 데이터세 기본소득 논의가 시작되었습니다. 로봇이 자동화를 통해 인간의 일자리를 빼앗아 가고 있고, 이때 생기는 부가가치를 잘 나누는 방법으로 로 봇세 기반 기본소득이 제안되기도 했습니다. 또한 소비하는 만큼 거두는 부가가치세를 가지고 기본소득제를 도입하자 는 주장도 있습니다.

이 주장들은 앞의 재원 마련 방법보다는 아직 현실성이나 공감대가 떨어지는 편입니다. 다만 기본소득 재원 마련을 위 한 과세 방안은 매우 다양하며, 사람들이 합의하기만 한다면 재원을 마련할 수 있다는 점은 분명합니다.

핵심정리

기본소득은 주로 세금을 거두어 지급하게 될 것이며, 소득세, 토 지보유세, 탄소세가 중요한 재원이 될 것이다.

〔 9 〕
국민연금, 기초연금, 실업수당은 없어지나요?

기본소득과 다른 복지제도의 관계

　기본소득이 도입되면 다른 복지제도 역시 조정이 필요합니다. 많은 제도가 기본소득으로 통합될 수 있습니다. 또한 복잡하게 선별해 지원하거나 낭비가 있던 정부 지출을 줄여 기본소득으로 지급할 수도 있습니다. 즉 세금을 늘리는 것 이외에, 기존에 정부가 하던 지출을 줄이는 방법으로도 기본소득 재원을 마련할 수 있습니다.

　예를 들어 기본소득을 도입한다면, 이와 비슷한 성격의 복지급여는 통합될 가능성이 높습니다. 다만 기본소득 금액이 낮은 초기에는 병립할 수 있습니다. 오랜 시간이 흘러 기본소득 금액이 충분히 높아지면 통합이 가능해질 것입니다.

안녕하세요, 기본소득입니다

기본소득과 비슷한 제도로는 아동수당과 노인 기초연금이 있습니다. 아동수당은 일정 연령 이하의 아동 모두에게 월 일정액을 지급하는 제도입니다. 기초연금은 일정 연령 이상이라면 받을 수 있는 제도입니다. 기본소득이 도입되고 아동수당이나 기초연금 금액보다 커진다면, 이런 복지제도는 자연스럽게 통합될 것입니다. 다만 기본소득 금액이 아동수당 금액(2021년 기준 월 10만 원)이나 기초연금 금액(2021년 기준 소득인정액 169만 원 이하 개인 대상 월 30만 원)에 미치지 못한다면 통합은 어려울 것입니다.

　실업부조도 마찬가지입니다. 현재 국민취업지원금이라는 제도가 있는데, 이게 바로 한국형 실업부조입니다. 정부가 취업 준비자나 장기 실업자에게 지급하는 급여입니다. 내가 회사에 다니면서 낸 돈을 돌려받는 고용보험의 실업급여와는 다른 제도입니다. 이런 실업부조 역시 장기적으로는 기본소득과 통합될 수 있습니다.

　기본소득이 도입되고 시간이 흘러 액수가 충분히 높아지면, 이렇게 아동이나 어르신이나 취업 준비자처럼 별도의 수당을 받던 사람들은 다른 사람들과 마찬가지로 기본소득을 받게 될 것입니다. 즉 공적 부조는 기본소득과 통합될 수 있습니다.

정부나 시청, 도청, 구청, 군청에서 지급하는 다양한 수당도 목적이 비슷하다면 통합될 가능성이 높습니다. 지자체별로 다양한 수당이 존재하지만, 사실 아는 사람만 받아가는 제도가 많습니다. 기본소득은 모든 사람에게 보장하는 제도이므로, 금액이 충분히 높아지면 이런 수당들을 통합해 단순화하게 됩니다.

이렇게 되면 재원도 덜 들지만, 시스템도 바뀌게 됩니다. 누구는 내기만 하고 누구는 받기만 하는 기존의 시스템이, 모두가 부담 능력에 따라 세금을 내는 동시에 똑같은 금액의 기본소득을 평생 받는 시스템으로 바뀌는 것입니다. 이렇게 비슷비슷한 성격의 제도들을 통합해 모두에게 예측 가능한 혜택을 줄 수 있다는 게 기본소득의 특징입니다.

변화 속도에 발맞춰 재설계되는 복지제도

다만 국민연금이나 고용보험은 조금 다릅니다. 내가 낸 돈을 나중에 돌려받는 개념인 '사회보험'이기 때문입니다. 기본소득을 도입하더라도, 사회보험은 훨씬 더 오랜 기간 남아 있을 것입니다. 국민연금의 노령연금과 고용보험의 구직급여(실업급여)는, 최소한 현재의 성인이 생존해 있는 동안은 존속할 것으로 보입니다.

물론 기술 변화로 고용 형태가 유연해지고 있어 사회보험의 효과가 점점 낮아지고 있기는 합니다. 일정 기간 회사를 다녀야 사회보험 혜택을 제대로 받을 수 있는데, 인생에서 회사에 고용된 시간의 비중은 점점 줄어들고 있기 때문입니다.

그렇지만 기존의 고용 형태도 오랜 시간 유지될 것입니다. 그 시간 동안 고용보험과 국민연금 같은 사회보험은 형태는 바뀌더라도 유지될 것으로 보입니다.

장기적으로 자동화는 점점 확산될 수밖에 없습니다. 고령화도 돌이킬 수 없는 현실입니다. 취업해 일하는 기간이 삶 전체에서 차지하는 비중이 점점 줄어드는 만큼, 돈벌이를 위해서 하는 일이 우리 삶에서 차지하는 중요성도 떨어질 것입니다. 취업해 일하는 사람들을 중심으로 설계된 기존 복지제도는 바뀔 수밖에 없습니다.

다만 변화의 속도가 어떨지에 대해서는 예측하기 어렵습니다. 고용 변화의 속도에 따라, 기존의 제도가 변화하는 속도가 정해질 것입니다. 그리고 혹시 모를 급격한 변화가 생기더라도, 기본소득처럼 보편적 소득보장제도가 마련되어 있다면 그저 주저앉는 대신 변화에 적응할 수 있는 여유를 조금이나마 갖게 될 것입니다.

핵심정리

기본소득 금액이 낮은 도입 초기에는 기존 제도 대부분과 공존할 것이나, 장기적으로 기본소득 금액이 충분히 커지면 아동수당 등 정부 재정으로 지급하는 수당은 기본소득에 통합될 수 있다. 그러나 국민연금, 고용보험 등 사회보험은 장기적으로도 기본소득과 공존할 가능성이 높다.

3부

기본소득을
도입한 곳이 있나요?

〔 **10** 〕
조건부 실업급여 대신
무조건 기본소득을 실험하다

핀란드

　북유럽의 핀란드는 자타가 공인하는 거의 완벽한 복지국가입니다. 세계에서 가장 행복하고 삶의 질이 높은 나라로 꼽히기도 합니다. 2017~2020년 세계행복보고서가 집계하는 국가별 행복지수에서 연달아 1위를 차지하기도 했습니다.

　그런 핀란드에서 2017년부터 2018년까지 2년간 실업자들을 대상으로 기본소득 정책 실험을 했습니다. 원래 조건부 실업급여를 받던 사람들에게 조건 없는 기본소득을 지급한 것입니다. 추가 예산을 거의 들이지 않고 말이지요.

　정책 실험이란, 새로운 제도를 도입하기 전에 그 효과를 알아보기 위해 부분적으로 실시해 과학적으로 분석하는 과정입니다. 즉 가장 완벽에 가까운 복지국가 핀란드가, 기존 복지제도를 뒤흔들 수 있는 기본소득제에 대해 대대적인 연구를 진행한 것입니다.

왜 그랬을까요?

이를 이해하기 위해서 먼저 핀란드의 복지제도가 어떻게 짜여 있는지를 살펴보겠습니다.

집안일도 노동으로 인정해주는 핀란드의 복지제도

우리나라에서는 대한민국 국적을 가진 국민을 복지정책의 주 대상으로 삼습니다. 하지만 핀란드는 다릅니다. 원칙적으로 영주권을 가진 거주자 모두가 대상입니다.

또 우리나라에서는 복지정책의 상당수가 가구를 중심으로 이루어집니다. 즉 가구주에게 주로 혜택이 지급되는 것이지요. 핀란드는 다릅니다. 원칙적으로 가구 구성원 개인이 대상이고, 따라서 복지 혜택도 개인에게 직접 지급됩니다.

현금 수당을 지급하는 복지제도는 대상에 따라 두 종류입니다.

첫 번째는 돈벌이를 하지 않는 사람을 대상으로 한 복지입

안녕하세요, 기본소득입니다

니다. 이를 '공적 부조'라고 합니다. 핀란드는 취업하지 않은 사람들에게 지급하는 현금 복지급여가 40종류나 되는데요, 기본 질병수당, 기본 실업급여, 주거급여 등 다양합니다. 취업하지 않아도 인간적인 생활을 할 수 있게 지원하는 제도입니다.

예를 들면 전업주부가 집안일을 하다가 아프거나 다쳐도 수당이 지급됩니다. 집안일도 엄연히 일이기 때문에, 일하지 못할 때 다른 사람을 고용할 수 있도록 지원해주는 것이지요. 노동자가 직장에서 일하다가 아프거나 다치면 휴가 또는 지원을 받는 것과 마찬가지라는 논리입니다.

또 대학생에게도 주거급여 등 각종 혜택이 주어지는데요. 부모의 경제적 지위와 관계없이 지급됩니다. 성인이 되면 부모의 지원으로부터 독립하는 게 당연하다는 철학을 담고 있지요.

두 번째는 수입이 있는 사람을 대상으로 한 복지인데요, 주로 소득과 연계하여 지급됩니다. 국민연금과 고용보험 같은 '사회보험' 제도가 여기에 해당합니다.

사회보험제도 아래서는 노후연금이나 실업급여 모두 어려움에 처했을 때 자신이 낸 보험료를 돌려받는 형식으로 지원금을 받습니다. 소득이 높을수록 실업급여도 높고 노후연금도 높습니다. 번 돈에 비례해서 보험료를 내다가, 실업자가 되거나 노인이 되면 낸 보험료에 비례해서 급여를 받는 방식입니다.

요약하자면 핀란드는 돈을 벌지 않는 사람들에게도 상당한 수준의 공적 부조를, 돈을 버는 사람들에게는 번 만큼 받을 수 있는 사회보험을 제공하는 복지제도를 운영하고 있습니다.

핀란드의 기본소득 정책 실험이 알려준 것들

이렇게 두터운 복지를 제공하고 있는 핀란드가 시작한 기본소득 정책 실험은, 2017~2018년 2년 동안 기존 실업급여 수령자 2000명을 대상으로 진행됐습니다. 그 2년간 기존에 받던 실업급여와 같은 액수인 월 560유로(약 70만 원)의 기본소득을 조건 없이 지급했습니다. 기본소득 700유로에서 세금을 떼고 지급한 것입니다. 도중에 일자리를 구해 임금을 받더라도 같은 금액의 기본소득을 계속 지급했습니다.

실업급여는 조건부 급여입니다. 실업급여를 받으려면 관공서에 가서 신청해야 하고, 구직 노력을 하고 있다는 사실

안녕하세요, 기본소득입니다

을 입증해야 하며, 정부가 정해주는 교육도 받아야 합니다. 또한 실업급여는 소득이 생기면 깎이거나 없어집니다. 반면 기본소득은 아무 조건 없이 지급되며, 소득이 생겨도 전액을 지급합니다. 기본소득 정책 실험은 이런 두 제도의 효과를 비교하기 위한 것이었습니다.

따라서 기본소득 대상자를 무작위로 뽑아 실험군으로 삼고, 엄밀하게 비교할 수 있는 비교군도 설정했습니다. 핀란드에서는 정부가 장기 실업자 17만 5000명에게 실업급여를 지급합니다. 기본소득을 받을 실험군 2000명은 이들 중 무작위로 선정되었습니다. 비교군은 17만 5000명 중 실험군을 제외한 전체였습니다. 연구진은 두 집단이 취업, 삶의 만족도, 건강 등에서 어떤 차이를 보이는지를 평가했습니다.

이 실험에서 고용 효과는 행정 데이터를 기반으로 분석되었습니다. 실험이 시작되고 1년 동안, 유의미한 고용 효과는 나타나지 않았습니다. 그런데 2년째에 약간의 변화가 생깁니다. 기본소득 수령자들이 실업급여 수령자들보다 연간 5일 더 고용되어 일을 했다는 통계가 나왔습니다. 실업급여 수령자가 73일가량 고용되어 일했던 반면, 기본소득 수령자는 78일가량을 고용되어 일했습니다.

연구진은 이 정도 차이는 통계적으로 유의미하지 않다는

결론을 내렸습니다. 즉 비슷한 금액의 급여를 받을 때, 기본소득과 실업급여가 2년 안에 일으키는 고용 효과는 큰 차이가 없었다는 이야기입니다. 특별히 어느 한쪽이 사람을 곧바로 게을러지게 만들지도, 곧바로 부지런하게 만들지도 않았다는 뜻이지요.

연구진은 또 주관적 삶의 질(웰빙)의 경우 기본소득 수령자들이 더 높은 것으로 보인다는 의견을 내놓았습니다.

주관적 삶의 질은 재정 상태, 건강, 구직 전망 등에 대한 당사자의 생각을 비교하는 방식으로 조사가 이루어졌습니다. 기본소득 수령자 2000명과 실업급여 수령자 중 표본 5000명을 대상으로 2018년 12월에 조사했고, 응답률은 각각 31%와 20%였습니다. 선거 여론조사 응답률이 평균 10%가 안 되는데도 대대적으로 언론에 보도된다는 점을 생각해보면, 낮지 않은 응답률이었습니다. 여기에 더해 2019년 상반기에는 기본소득 수령자 81명을 대상으로 인터뷰를 통한 질적 조사가 진행되었습니다.

조사 결과 기본소득 수령자들이 실업급여 수령자들보다 자신의 상황을 더 긍정적으로 평가했습니다. 스트레스와 우울증도 적었고, 재정 상태도 더 낫다고 응답했습니다. 타인과 사회기관을 신뢰한다는 응답도 기본소득 수령자들에게서 더 많이 나왔습니다. 기본소득 수령자들은 관료주의를 덜 경험했다고 응답하기도 했습니다.

연구진은 기본소득 수령자들과의 인터뷰에서 좀 더 자세한 이야기를 들을 수 있었습니다. 기본소득 수령자들은 조건 없는 소득 덕에 자신의 자율성이 강화되었고 의미 있는 일을 더 많이 할 수 있었다고 응답했습니다. 가족 돌봄과 같은 활동에 더 많이 참여할 수 있었다는 이야기도 전해주었습니다. 장기적인 계획을 세울 수 있었고, 스트레스를 덜 받았다는 이야기도 나왔습니다.

무엇보다도 의미 있는 것은, 기본소득 수령자들이 자신의 미래를 더 긍정적으로 전망했다는 점입니다. 핀란드 기본소득 정책 실험의 의미를 생각해보면 정말 중요한 대목입니다. 핀란드가 '거의 완벽한 복지국가'라고는 하지만, 나름의 고민을 안고 있습니다.

그중 하나가 기존 복지제도의 문제점입니다. 기술 혁신과 기업의 변화로 플랫폼 노동이 늘어나면서, 기존 복지제도가 문제를 드러내기 시작했습니다. 안정적 월급을 주는 일자리가 줄고, 새로 생기는 일자리는 소득이 불안정했습니다.

그런데 실업급여와 같은 기존 복지급여는 취업해 소득이 생기면 줄거나 끊어지게 되어 있습니다. 당시 핀란드 수도 헬싱키에 사는 한 사람(1인 가구)이 가능한 모든 수당을 받는 경우 그 금액이 월 1400유로쯤 된다고 합니다. 수당만 40종류가 되니 챙겨서 신청하기는 복잡하지만, 일단 받기 시작하면 취직해서 돈을 벌겠다고 결심하기는 쉽지 않습니다. 왜냐하면 일자리를 구해 월 1000유로를 받는다면, 받던 수당은 400유로쯤으로 줄어들어 수입 총액은 1400유로로 유지되기 때문입니다. 월급이 1400유로를 훌쩍 뛰어넘고 고용도 꽤 안정적인 직장을 한번에 구할 수 있다면 모를까, 고용도 처우도 불안정한 일자리라면 굳이 구할 필요가 없지요. 그냥 수당을 받으며 살아가는 편이 수입도 안정성도 더 나을 수 있으니까요.

그러다 보니 취업에 적극적이지 않은 사람도 늘어납니다. 우리나라와 마찬가지로 핀란드에서도 한 번 복지급여가 끊어지면 다시 받기가 매우 번거롭습니다. 취업할 능력이 없고 가난하다는 점을 문서로 입증해야 하기 때문이지요. 복지 대상자가 되기 위해 서류를 들고 관공서를 찾아가 요청하다 보면 자괴감이 들고 취업할 자신감을 잃기도 합니다.

장기 실업자 중에는 이렇게 자신감을 잃은 사람이 많았습니다. 미래를 설계하고 새로운 일을 시작하는 데 나서기를 꺼려하는 분위기가 강했습니다. 그런 사람들에게 어떻게 자신

안녕하세요, 기본소득입니다

감을 불어넣고 적극적인 삶을 살게 해줄지가 핀란드 정부의 고민이었습니다. 실험 대상자들이 미래에 대해 어떻게 생각하는지는 그래서 중요했습니다. 결과적으로 기본소득 수령자들이 더 자율적이고 자신감을 갖게 되었다는 점, 그리고 취업에 대한 자신감도 높아졌지만 꼭 취업이 아니더라도 창작활동이나 가족 돌봄과 같은 가치 있는 활동을 더 많이 고려하게 되었다는 사실은 기본소득의 장점을 새롭게 알려줍니다.

핀란드의 기본소득 실험은 실패했을까

'핀란드의 기본소득 실험이 실패했다'는 언론 보도가 많았습니다. 실제 벌어진 일을 보면, 정확하지 않은 보도였습니다. 제대로 정리해보면 이렇습니다.

핀란드 기본소득 정책 실험은 우리에게 두 가지 중요한 사실을 알려줍니다. 첫째, 기본소득은 실업 상태에 있는 사람이 당장 취업에 나서게 하는 효과를 크게 내지는 않았지만, 그렇다고 그 사람이 게을러지게 하지도 않았다는 것입니다. 즉 고용 효과는 중립적이었습니다. 둘째, 기본소득은 무조건적이라는 특성 때문에 기존 실업급여 같은 조건부 복지제도에 비해 사람들에게 스트레스를 덜 주었습니다. 기본소득 수령자들은 자율성이 높아졌고 자신감을 갖고 미래를 낙관하게 되었습니다.

여기까지의 모든 효과가 추가 재정 투입 없이 이뤄졌다는 점에 주목할 만합니다. 이것이 핀란드 기본소득 정책 실험에서 가장 중요한 점인지도 모르겠습니다. 기본소득 지급 대상자는 기존 실업급여 수령자 중에서 선정되었고, 기본소득 지급액과 기존 실업급여 지급액이 같았다는 점을 상기할 필요가 있습니다. 고용 효과든 자신감을 키우고 가치 지향적 삶을 가능하게 해준 효과든, 단지 돈을 퍼주어서 나온 효과가 아니라는 점입니다. 그저 '조건 없이 지급한다'는 점이 낸 효과였습니다. 이런 효과를 명확하게 밝혔다는 점에서, 핀란드 기본소득 정책 실험은 성공적이었다고 평가할 수 있습니다.

핵심정리

핀란드 정책 실험은 기본소득이 실업급여와 비교할 때 고용에 미치는 효과는 거의 차이가 없지만, 사람들의 자신감과 삶의 질을 높인다는 점을 밝혀냈다.

안녕하세요, 기본소득입니다

［ 11 ］
탄소 배출에 세금을 매겨
생태배당을 지급하다

스위스

스위스는 국가 단위에서 기본소득제를 시행하고 있는 또 다른 나라입니다. 스위스 국민이라면 2022년에 1인당 연간 88.2 스위스 프랑(11만 5000원)의 기본소득을 받게 됩니다.

그런데 조금 특이하게도, 지구 환경을 지키기 위해 기본소득을 지급하고 있습니다. 스위스 기본소득의 명목은 '탄소부담금의 재분배'입니다. 환경을 살리기 위한 것이니, 생태배당이라고 부를 수도 있겠네요.

금액은 적지만 배당금 개념이라 그렇습니다. 주식 투자자에게 나오는 배당금은 기업 실적에 따라 매년 달라집니다. 자연으로부터 나온 배당금의 성격인 스위스 기본소득 금액도 주식 배당금과 마찬가지로 매년 바뀝니다.

스위스는 기본소득과 환경을 어떻게 연결시켰을까요?

거둔 만큼 똑같이 나눈다

먼저 환경 문제부터 짚어보겠습니다. 기후위기가 심각합니다. 세계 각국의 정상들은 파리기후협정에서 지구의 평균 기온이 섭씨 2도 이상 오르면 큰 재앙이 올 것이라고 확인했습니다. 석유나 석탄 같은 화석연료를 태울 때 나오는 탄소가 재앙의 원인이라고 합니다. 그래서 세계 각국은 다 같이 탄소 배출을 줄이기로 합의하고, 이를 위한 노력을 기울이고 있습니다.

기업이나 개인에게 탄소 배출량에 따라 세금을 매기는 탄소부담금(탄소세)도 그 노력 가운데 하나입니다. 탄소 배출에 대해 세금을 매기면 석유나 석탄 같은 화석연료를 많이 쓰는 기업이나 개인이 비용을 더 부담하게 됩니다. 이런 일이 계속되면 경제 구조가 탄소를 덜 배출하는 방향으로 바뀔 것이라고 기대하며 도입하는 제도입니다. 그래서 여러 나라가 탄소부담금을 도입하고 있습니다.

안녕하세요, 기본소득입니다

그런데 탄소부담금을 새로 도입하거나 높이는 일은 쉽지가 않습니다. 화석연료를 사용하는 개인과 기업에게 일괄적으로 매겨야 하는데, 내야 하는 사람들은 당연히 반발할 것입니다. 반면 이 부담금이 주는 혜택은 누구도 크게 느끼지 못합니다. 대부분의 국가들이 환경을 살리는 데 쓰인다고 설명하지만, 그 효과가 눈에 보이지 않으니 국민이나 기업들이 쉽게 납득하지 못합니다.

그래서 스위스가 생각해낸 게 생태배당입니다. 탄소부담금을 걷어 그 가운데 상당 부분을 국민들에게 똑같이 나누어 배당하는 것입니다. 이러한 정책에는, 자연은 원래 국민 공동의 자산이라는 철학이 들어 있습니다. 모두의 자산을 훼손하면서 공장을 돌리거나 난방을 했거나 자동차를 탔다면, 그 결과로 우리가 누린 혜택은 다시금 거두어들여 모두에게 똑같이 배당해야 한다는 생각입니다.

스위스는 2008년 난방용 연료에 대한 탄소부담금을 도입했습니다. 누구나 사용하는 연료량에 비례해 부담금을 내야 합니다. 첫해에는 1톤당 12스위스프랑으로 시작했지만, 정해진 탄소 배출량 감축 목표치를 달성하지 못하면 부담금은 매년 인상됩니다. 부담금은 계속 올라서, 2022년에는 1톤당 120프랑, 우리 돈으로 15만 원가량이 됐습니다. 난방 기름으로 따지면 1리터당 360원 정도 되는 부담금입니다.

거둔 부담금은 스위스 거주자 모두에게 기본소득으로 돌려줍니다. 스위스에서는 '환경보호법'이라는 법률에 아예 "환경부담금 수입은 모든 국민에게 균등하게 배분한다"라고 명시되어 있습니다. 이에 따라 탄소부담금도 기본소득으로 분배하게 된 것입니다.

기본소득으로 분배하는 금액은 탄소부담금 가운데 3분의 2입니다. 나머지 3분의 1은 건물과 주택의 에너지 절감 개량 사업이나 친환경 기술보증기금 등에 지원 또는 투자를 하게 됩니다.

기본소득은 건강보험과 연금보험제도를 활용해 지급됩니다. 스위스에서는 3개월 이상 거주한 개인이라면 누구나 기초건강보험에 가입해야 합니다. 우리나라와는 달리 개인이 보험료 계좌를 갖고 있어, 이 계좌를 통해 기본소득을 지급합니다. 또 기업이 탄소세를 낼 경우에도 기본소득을 지급받게 되는데, 이때는 기업이 납부한 연금보험 계좌를 통해 지급합니다.

개인에게 지급하는 기본소득은 매년 금액이 달라집니다. 거둔 탄소부담금이 매년 다르기 때문이지요. 2022년의 경우 1인당 연간 88.2프랑, 우리 돈으로 11만 5000원을 지급하게

안녕하세요, 기본소득입니다

됩니다. 2008년에는 2만 원가량에 불과했지만 시간이 지나
면서 금액이 커진 것입니다.

탄소부담금, 손해일까 이익일까

스위스 기본소득의 효과는 어땠을까요? 118쪽의 그래프
가 단적으로 보여줍니다. 난방 연료에 대해서만 탄소부담금
과 기본소득을 함께 도입했는데요. 확실히 최근 몇 년 사이
에 난방 연료의 소비량이 줄고 있습니다. 탄소부담금 기본소
득을 실시하지 않았던 자동차 연료와 비교해보니 뚜렷한 차
이가 보입니다. 탄소부담금 기본소득제, 즉 생태배당이 적은
액수임에도 불구하고 꽤 효과가 있었던 셈입니다.

어쩌면 당연한 결과입니다. 난방 연료에 부담금을 매기니
난방비가 올라갑니다. 게다가 매년 부담금이 인상되니, 사람
들은 난방비가 계속 오를 것이라고 예측하게 됩니다. 물론
나가는 돈만 있는 것은 아닙니다. 일부는 기본소득으로 돌려
받습니다.

다만 난방 연료를 많이 쓰는 사람들은 그만큼 탄소부담금
을 많이 내기 때문에 기본소득으로 돌려받아도 손해라는 생

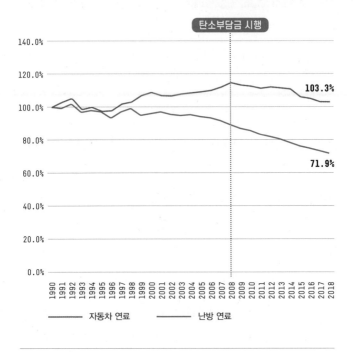

스위스의 탄소부담금 시행 전후 연료 사용량 추이

탄소부담금 시행

140.0%

120.0%

103.3%

100.0%

80.0%

71.9%

60.0%

40.0%

20.0%

0.0%

1990 1991 1992 1993 1994 1995 1996 1997 1998 1999 2000 2001 2002 2003 2004 2005 2006 2007 2008 2009 2010 2011 2012 2013 2014 2015 2016 2017 2018

———— 자동차 연료　　　———— 난방 연료

출처: 스위스연방환경청 CO2 통계

　　　　　　　　안녕하세요, 기본소득입니다

각이 들 것입니다. 반면 난방 연료를 적게 쓰는 사람들은 돌려받는 기본소득이 더 클 테니 이익이라는 생각이 들 것입니다.

전체적으로는 이익을 본 사람이 더 많을 가능성이 높습니다. 게다가 손해를 본 사람들은 주변에서 난방 연료 사용을 줄여 이익을 보는 사람들을 발견하게 됩니다. 이에 따라 난방 연료를 더 적게 쓰려는 사람이 늘어나게 됩니다. 따라서 전체적으로 난방 연료 사용량이 줄게 됩니다.

결과적으로 탄소부담금 기본소득은 연료 사용을 아끼고 환경에 기여하는 사람에게 지급하는 보상과 비슷합니다. 뒤집어 보면 연료를 과소비하며 환경에 부담을 주는 사람에게 부여하는 세금이기도 합니다.

스위스는 탄소부담금을 교통 연료에는 적용하지 않았습니다. 그러니 난방 연료 사용은 줄지만 자동차 연료 사용은 줄지 않는 결과가 나온 것입니다.

2016년 스위스는 한 걸음 더 나아가 기본소득 보장을 내건 헌법 개정안을 국민투표에 부쳤습니다. 다만 이 헌법 개정안은 부결되었습니다. 월 300만원이라는 지나치게 높은 금액의 기본소득을 제안하는 바람에 시기상조라는 여론이 높아졌습니다. 또한 되돌리기 어렵도록 아예 헌법에 못을 박는 데까지는 스위스 국민들도 동의하지 않았습니다. 그러나 이미 도입되어 있는 탄소부담금 기반의 기본소득에는 반대 의견이 크지 않습니다.

스위스는 탄소배당금 성격의 기본소득제를 통해 기후위기에 대응하면서 분배 공정성도 높이는 효과를 얻었다고 볼 수 있습니다.

핵심정리

스위스는 탄소부담금을 기본소득으로 분배하는 생태배당을 도입하고 있다.

안녕하세요, 기본소득입니다

(12)
행정개혁을 위해
기본소득제를 도입하다

이란

중앙정부 차원에서 전 국민에게 조건 없는 기본소득을 지급하는 나라가 있습니다. 바로 이란입니다. 2010년부터 1인당 월 45만 5000리알(4만 5000원)의 전 국민 기본소득제를 시작해 2022년까지도 운영 중입니다.

'석유가 펑펑 나는 나라라서 국민들에게 모두 나누어주는구나'라는 생각이 드나요? 하지만 실은 그렇게 단순하지 않습니다.

이란의 기본소득은 비효율적인 보조금을 정리하고 경제 효율성을 높이기 위해 도입되었습니다. 경제와 행정의 개혁을 목적으로 실시된 셈입니다.

부자들의 배만 불린 석유 보조금 체계

2010년 12월, 이란 정부는 이란에 거주하는 모든 이란인을 대상으로 월 45만 5000리알(이란 화폐 단위)의 '현금이전정책' 이라는 이름의 기본소득제를 실시합니다. 이란의 화폐가치는 그 뒤 크게 요동칩니다. 2010년과 견주어 2021년에는 화폐가치가 4분의 1로 추락했고, 8000달러에 육박하던 1인당 GDP는 2021년 2000달러 대까지 떨어졌습니다. 같은 45만 5000리알의 기본소득이라도, 2010년과 2022년에는 완전히 가치가 다릅니다. 그래서 이란의 기본소득을 다른 나라 돈으로 환산하기는 쉽지 않습니다.

다만 경제 규모와 비교하며 가늠해볼 수는 있습니다. 2010년 시행 당시 기본소득 총액은 이란 GDP의 6.5% 규모였습니다. 우리나라 GDP의 6.5%이면 125조 원입니다. 국민 1인당 월 20만 원씩 나눠줄 수 있는 돈입니다. 아이부터 노인까지 모두 지급하니, 3인 가족이면 월 60만 원입니다. 평생 매달 들어온다면 큰돈입니다. 이란의 기본소득은 꽤 큰 규모였다는 사실을 알 수 있습니다.

당시 이란에서 45만 5000리알은 중위소득의 28% 수준이었습니다. 중위소득이란 전체 국민을 소득에 따라 한 줄로

안녕하세요, 기본소득입니다

세웠을 때 중간 위치에 있는 사람의 소득 수준입니다. 우리나라에서는 중위소득의 30% 이하를 버는 가구에게 생계급여를 지급하는 복지제도를 실시하고 있습니다. 다시 말해 이란의 기본소득액은 꼭 우리나라 생계급여 대상 경계선에 있는 사람의 소득 수준이었던 것입니다.

이란의 기본소득은 모든 사람에게 아무 조건 없이 지급된다는 점에서, 기본소득 요건을 제대로 갖추고 있습니다. 소득 수준도, 취업이나 구직 여부도, 나이도 상관없이 지급됩니다.

이란의 기본소득은 사실 대대적인 행정개혁의 일환으로 시작되었습니다. 이란은 석유 생산국이자 수출국입니다. 그런데 오랜 기간 이란은 석유 관련 보조금을 복잡하게 확대했습니다. 휘발유·가스·전기 등의 에너지와, 빵·물 같은 기초생필품의 가격을 매우 낮게 유지하기 위해 정부가 계속 보조금을 지급했습니다. 우리 돈으로 120조 원이 넘는 비용이 이런저런 가격 보조금을 지급하는 데 들어갔습니다.

그런데 이 보조금은 부유층의 소득을 늘리고 빈곤층에게는 도움이 되지 않는다는 지적이 계속 나왔습니다. 전문가들이 계산해보니, 이 보조금의 70%가 인구의 30%에게만 돌아간다는 사실이 드러났습니다. 대부분 도시에 사는 사람들이 보조금의 혜택을 받는 셈이 되었습니다. 당연히 이런 영역의 사업을 하는 부유한 사업가들도 큰 혜택을 입고 있었습니다.

문제는 여기에만 있지 않았습니다. 과소비가 일어났습니다. 불필요하게 석유와 전기를 많이 쓰게 되는 것이지요. 과소비는 싸게 사서 그냥 버리는 행태로 이어지고, 쓰레기도 늘어나게 됩니다. 생산의 효율성은 오히려 떨어졌습니다. 물건을 아주 잘 만들지 않아도 보조금 덕에 낮은 비용으로 생산해 싸게 팔면서 돈을 벌 수 있으니 혁신이 일어나지 않았던 것이지요. 이란의 값싼 물건을 떼어다 이웃 나라에서 파는 장사꾼도 생겨났습니다. 정부의 보조금이 다른 나라로 새어나가면서 밀수출업자의 주머니만 채워주고 있던 셈이지요.

결론적으로 에너지 중심의 보조금은 분배를 왜곡하고 생산성도 저해하면서 환경까지 파괴하는 제도였습니다. 그래서 이란에서는 이런 보조금 체계를 전면 개혁해야 한다는 목소리가 끊이지 않았습니다.

그러나 쉽게 바꿀 수 없었습니다. 이런 구조 덕에 혜택을 누리는 사람들은 강력하게 저항했고, 혜택을 누리지 못하는 사람들은 무관심했기 때문이지요. 부분적인 개혁 노력은 많았지만 성과는 없었습니다.

안녕하세요, 기본소득입니다

세계 최초로 기본소득제를 도입한 나라

2008년 마흐무드 아흐마디네자드 당시 이란 대통령은 이 보조금을 전면적으로 개혁하겠다고 선언합니다. 여기까지는 이전과 크게 다르지 않았습니다. 그런데 그다음이 파격적이었습니다. 개혁을 통해 아낀 보조금을 모두 현금으로 국민들에게 지급하겠다고 말한 것입니다. 기본소득제 개념을 제시한 것이지요.

그 뒤 2년 동안 치열한 토론이 벌어졌습니다. 보조금 제도를 개혁해야 한다는 데는 반대가 거의 없었습니다. 너무 방만하고 비효율적이고 불공평한 보조금 제도를 바꾸자는 공감대는 이미 형성되어 있었고, 국민에게 현금으로 돌려주자는 아이디어에도 큰 반대는 없었습니다.

다만 이란 정부가 처음부터 기본소득 지급을 고려했던 것은 아닙니다. 정부는 소득 수준에 따라 차등 지급할 계획이었습니다. 일단 소득과 자산을 파악해 전 국민을 상위 30% 고소득층, 중간 30%, 하위 40%의 세 집단으로 나누었습니다. 그리고 각기 다른 액수의 현금 보조금을 지급하겠다고 밝혔습니다. 그런데 수많은 사람들이 정부가 분류한 자신의 계층이 잘못되었다고 반발하고 나섰습니다. 정부 역시 국민의 소득과 자산을 정확히 파악할 수도 없고, 계층 사이 경계선을 명확하게 나누기도 쉽지 않다는 사실을 깨닫게 됩니다.

결국 이란 정부는 한 발 물러서서, 모두에게 똑같은 금액의 기본소득을 지급하겠다고 발표합니다. 다만 '일시적'이라는 단서를 달았습니다. 나중에라도 국민 전체의 소득을 파악하고 선별 지급할 수 있는 방법을 찾아낸다면 지급 대상을 바꿀 수 있다는 여지를 남겨둔 것입니다.

정부의 입장은 나중에 기본소득제를 철회하려는 시도로까지 이어집니다. 2016년 이란 국회는 이 현금 보조금을 '필요한 가구에게 분배하는' 제도로 바꾸는 법안을 통과시킵니다. 이에 따라 정부는 선별 작업에 들어가, 전체 인구 8000만 명 가운데 약 500만 명을 제외하기로 했습니다. 그러나 선별은 쉽지 않았습니다. 수많은 오류가 발견되고 항의가 이어지면서, 결국 소수만이 지급 대상에서 빠지게 됩니다. 2018년에도 수백만 명이 지급 대상에서 제외될 뻔했지만, 역시 선별의 어려움과 거센 항의에 부닥친 이란 정부는 결국 기본소득제로 다시 돌아옵니다.

이란의 경험은, 기본소득제가 행정개혁의 한 방법이 될 수 있다는 사실을 보여주는 사례입니다. 또한 석유 사용을 늘리는 다양한 보조금을 없앴다는 점도 의미 있는 시도였습니

안녕하세요, 기본소득입니다

다. 최근 기후위기에 대응하기 위해 스위스 등의 국가들처럼 탄소세(탄소부담금)를 도입하되 탄소세 세수를 배당금으로 전 국민에게 나누어주자는 주장이 떠오르고 있는데, 이와 비슷한 측면도 있습니다.

아쉽게도 이란의 기본소득제는 그 효과를 측정하기가 쉽지 않습니다. 이란은 기본소득 시행 당시 이미 핵개발과 관련되어 국제사회의 경제 제재에 시달리고 있었습니다. 게다가 기본소득제를 도입한 뒤 몇 달이 지나지 않아, 국제사회는 이란에 대해 강도 높은 경제 제재를 추가했습니다. 이후 이란 경제는 성장 정체와 화폐가치 하락 및 인플레이션 등 상당한 어려움을 겪었습니다. 그 과정에서 기본소득의 실질 가치가 너무 떨어져 효과를 판단하기가 어려워지고 맙니다.

어쨌든 이란은 이렇게 세계 최초로 국가 단위의 기본소득제를 도입해 유지하고 있는 나라가 되었습니다.

핵심정리

이란은 세계 최초로 국가 단위의 보편적 기본소득제를 도입한 국가이며, 석유 사용 보조금 제도를 정비하는 행정개혁을 통해 그 재원을 마련했다.

(13)
석유 수입으로 영구기금을 조성해
주민에게 배당하다

미국 알래스카주

  미국 알래스카주는 비교적 완전한 형태의 기본소득제를
실시하고 있습니다. 미국 전체가 아니라 알래스카주에만 해
당하는 기본소득입니다. 석유 수익으로 기금을 만들어, 기금
운용 수익을 주민 전체에게 1년에 한 번씩 배당하는 방식입
니다. 명칭은 '알래스카 영구기금'의 배당금입니다. 운용 수
익을 배당하는 것이므로 매년 금액이 달라집니다. 2021년까
지 5년 동안에는 해마다 평균 120만~190만 원을 지급했습
니다.

  즉 알래스카주는 정부가 주민들에게 지급하는 복지급여
방식이 아니라, 주민 공동의 자산을 펀드에 넣어 운영하면서

안녕하세요, 기본소득입니다

그 성과를 주민들에게 직접 배당하는 방식으로 기본소득제를 운영하고 있는 셈입니다.

이런 독특한 제도가 만들어진 데는 오랜 역사가 있습니다.

자연에서 얻은 것은 모두의 것

알래스카에서는 금광을 찾아 사람들이 몰려들던 19세기 말 골드러시 시절부터 나무, 구리, 해산물 등 풍부한 자원이 잇따라 발굴되었습니다. 주민 수는 원래부터 많지 않았고, 자원을 얻기 위한 외지인들이 끊임없이 들어왔습니다.

그런데 외지인 유입 러시가 한차례 지날 때마다 알래스카는 역설적으로 침체를 겪습니다. 잠깐 붐이 일어나고 경기가 살아나는 듯하지만, 시간이 지나 자원이 떨어지거나 시장에서 인기가 없어질 때쯤이면 외지인들이 한꺼번에 빠져나갔기 때문입니다. 사업 수익은 외지인들이 모두 챙겨서 가지고 나갑니다. 경제는 외지인 동향에 따라 출렁거립니다. 호황이 이어지는 것처럼 보였지만 외지인들의 잔치였을 뿐, 주민들에게 남은 것은 피폐한 경제뿐이었습니다.

알래스카 경제는 풍부한 자원을 갖고 있음에도 안정성이

떨어지고 수익의 유출도 심각한 상태였습니다. 이런 문제를 깨달은 알래스카주는 1956년 주 헌법에 "주 의회는 알래스카 주민 최대 다수의 최대 행복을 위해 알래스카 영토 및 영해에 매장된 천연자원의 이용, 개발, 보존의 책임을 진다"라는 조항을 넣었습니다. 알래스카의 자연자원으로부터 얻은 수익은 주민들의 것이라는 점을 아예 헌법에 못 박아 명확하게 한 것입니다.

그런데 이런 선언만으로 문제가 해결되지는 않았습니다. 1969년의 일입니다. 알래스카는 프루도베이 지역의 석유 시추 사업권을 팔아 당시 알래스카주 연간 예산의 여덟 배가 넘는 9억 달러를 확보했습니다. 갑론을박이 벌어졌지요. 도로를 지어야 한다는 목소리도 있었고, 학교를 짓자는 제안도 있었고, 공항을 건설해야 한다는 주장도 나왔습니다. 논란을 거치면서 이것저것 해보는 사이에 돈을 다 써버리고 맙니다. 분명 주 정부 지출은 훨씬 늘었는데, 주민들은 큰 효과를 체감하지 못했습니다. 큰돈을 낭비했다는 여론이 일어나게 됩니다.

1976년, 이런 비판을 의식한 당시 주지사 제이 해먼드는 새로운 아이디어를 내놓았습니다. 천연자원에서 나온 수익으로 영구기금을 만드는 모델입니다. 여러 과정을 거쳐

안녕하세요, 기본소득입니다

1980년에는 주 헌법에 이런 내용이 삽입됩니다. "알래스카에서 발생한 모든 천연자원 수익의 최대 25%를 영구기금에 적립한다"라는 내용이었습니다. 영구기금의 투자 관리를 위해 '알래스카 영구기금공사'도 설립합니다.

그리고 1982년부터 알래스카 영구기금 배당금을 모든 주민에게 나누어주기 시작합니다. 1년 이상 알래스카에 거주한 미국인이라면 배당을 받을 수 있습니다. 기본적으로는 적립된 기금의 운용 수익을 배당하는 것입니다. 영구기금은 주식, 채권, 부동산 등 다양한 곳에 투자해 매년 일정한 투자 수익을 냅니다. 이 투자 수익의 절반 정도는 배당하고 나머지는 다시 적립합니다. 따라서 영구기금의 자산 규모는 점점 더 커지고, 투자 수익도 커지고 있습니다. 1998년 이후에는 투자 수익이 석유 판매 관련 수익금보다 많아졌습니다.

소득 불평등을 개선하다

요약하면 이렇습니다. 알래스카는 석유 자원에서 나온 수익으로 독립적인 기금을 만들었습니다. 정치적인 통제에서 사실상 벗어난 것입니다. 처음에는 석유 자원 수익으로 출발했지만, 이제는 기금 투자 이익이 더 중요한 수입원입니다. 이 수익은 주 정부 예산에 편입되지 않고, 직접 주민들에게 배당합니다. 자연자원은 모두의 것이라는 생각으로 모든 주민에게 똑같이 분배하는 것입니다.

주정부는 이 수익을 사회 기반시설 건설 등에 사용하려고 시도하기도 했습니다. 그런데 주민투표에서 주민들이 반대해 배당금을 지켜냈습니다.

주민들은 영구기금 배당금을 좋아합니다. 우선 주인의식이 높아졌습니다. 배당금은 모두의 것이므로 지켜내야 한다는 생각이 지배적입니다. 배당금을 주는 알래스카 지역, 그리고 자연자원에 대한 주인의식이 높아질 수밖에 없는 구조입니다.

또한 저소득층의 생활이 뚜렷하게 향상되었습니다. 알래스카 사람들은 몇 개 도시를 빼고는 넓은 지역에 퍼져 드문드문 거주합니다. 소득원이 뚜렷하지 않은 지역도 많습니다. 정부기관을 찾아가 복지 혜택을 받아내기도 어려운 경우가 많습니다. 이런 곳에 사는 사람들에게 조건 없는 배당금은 삶의 안정성을 높이는 매우 중요한 제도입니다. 알래스카는 미국에서 소득 불평등이 가장 큰 주였는데, 영구기금 배당 시행 이후 두 번째로 평등한 주가 되었습니다.

액수가 작아 중요도가 떨어진다는 비판도 있을 수 있습니다. 하지만 오해입니다. 배당금은 알래스카 주민의 핵심 소득원으로 자리 잡고 있습니다. 비영리단체 '경제적 안정 프로젝트(ESP)'는 2017년 3~4월 알래스카 주민 1004명에게 '영구기금 배당금이 중요한 수입원인지'를 물었습니다. 설문 결과 79%가 중요한 수입원이라고 답했습니다. 40%는 인생에 매우 도움이 됐다고 답했고, 39%는 상당한 도움이 됐다고 답했습니다. 가구당 연소득 5만 달러 이하의 여성 63%가 '매우 도움이 됐다'고 답했습니다. 저소득층일수록, 소외된 계층일수록 배당금이 큰 도움이 된다고 답했습니다.

해마다 영구기금 배당금이 지급되는 10월 둘째 주에는 알래스카 곳곳에서 다양한 할인 행사가 벌어집니다. 자동차 구매도 이 시기에 집중됩니다. 배당금이 소비를 촉진해 경기 활성화에도 기여하고 있는 것입니다.

알래스카 영구기금 배당금은 기본소득의 필수 요건을 골고루 갖추고 있습니다. 아직 생계를 유지할 만큼 금액이 충분하지는 않지만, 투자 수익을 적립하면서 기금을 키우고 있으니 앞으로 배당금이 커질 가능성은 있습니다. 애초에 석유 수익에서 출발했으니 석유가 나지 않는 다른 곳에서 따라 할 수 없는 것 아니냐고 물을 수 있지만, 이미 석유 수익보다는 투자 수익이 중심인 제도가 되었습니다.

특히나 중요한 점은, 알래스카 영구기금은 정치적 통제에서 독립적이라는 것입니다. 정부 예산에서 지급되는 것이 아니라, 헌법적 권리에 의거해 기금에서 지급됩니다. 주민투표를 통하지 않고는 주지사나 주의회도 중단할 수 없습니다. '내 삶의 어느 순간에도 조건 없이 받는 현금'이라는 기본소득의 정의에 꼭 들어맞습니다. 알래스카의 기본소득은, 불안이 커지는 시대에 최소한의 삶의 안정성을 지켜주는 장치로 이미 기능하고 있습니다.

핵심정리

알래스카의 기본소득은 정치로부터 독립적인 영구기금에서 나오는 배당금이다. 영구기금은 원래 석유 수익에서 시작되었지만 지금은 자체 투자 수익이 더 큰 수입원이 되고 있다.

안녕하세요, 기본소득입니다

4부

궁금한
이야기들

(14)
힘들고 위험한 일은
아무도 안 할 텐데요?

기본소득과 노동 공급

"기본소득이 보장된다면 막노동처럼 어렵고 힘들고 위험한 일을 아무도 안 하려고 할 텐데, 괜찮을까요?"

2018년 여름이었습니다. KBS 〈명견만리〉에 출연해 '물고기를 주세요, 기본소득'이라는 제목으로 강연을 했습니다. 미래의 소득 분배 제도인 기본소득제의 개념을 설명하고 국내외 동향을 소개했습니다.

이 프로그램은 사전에 강연을 녹화한 뒤 편집해 방송됩니다. 제가 출연했을 때는 코로나19 이전이라 청중이 있었습니다. 활발하게 질문을 하기도 합니다. 강연이 마무리될 무렵, 교복을 입은 한 고등학생이 마이크를 잡았습니다. 그리고 제게 위와 같은 질문을 했습니다.

굳은일을 하던 저임금 노동자들이 일을 그만두고 기본소득만으로 살아가는 삶을 선택하지 않겠느냐는 이야기입니다. 이른바 3D(difficult, dirty, dangerous) 업종에서 일을 할 사람이 없어질 것이라는 걱정이었습니다.

제가 속한 연구소 LAB2050에서 '국민 기본소득제'를 연구해 발표했을 때에도 비슷한 질문을 마주했습니다. 당시 연구 결과는 적지 않은 언론에 보도되었는데요, 반응이 궁금해 댓글들을 모아 따로 분석했습니다.

그중 눈에 띄는 의견은 '기본소득이 사람들을 게으르게 만들지 않겠느냐'는 것이었습니다. 조건 없이 현금을 받게 되면 근로 의욕이 떨어질 것이라는 이야기입니다.

이런 우려는 경제 전문가들이 던지는 질문과 크게 다르지 않습니다. 기본소득이 근로 의욕을 꺾을 것이고, 일하려고 하는 사람이 줄면 결국 경제에 문제가 생길 것이라는 걱정입니다.

안녕하세요, 기본소득입니다

이란과 핀란드에서 나타난 의외의 결과

정말 그럴까요? 최근의 사례인 이란과 핀란드의 기본소득 지급 결과에 대한 연구는 다른 결론을 냈습니다. 기본소득을 받는다고 해서 일하는 사람의 숫자나 노동 시간이 줄어들지는 않았다는 결론이 나왔습니다.

12장에서 살펴보았듯이, 이란은 2010년부터 기본소득제를 실시하고 있습니다. 당시 이란에서도 기본소득을 지급하면 '사람들이 게을러져서 일자리를 찾지 않을 것'이라는 우려가 있었습니다. 어느 나라에서나 비슷한 우려가 나오나 봅니다.

그런데 경제학자들의 분석 결과, 2011년 이란에서는 기본소득 지급에도 불구하고 일하려는 사람이 줄지 않았습니다. 전체 취업자를 대상으로 분석했을 때, 기본소득 지급 이전에 비해 일하는 시간도 줄지 않았고 취업하려는 사람의 수도 줄지 않았다는 결과가 나왔습니다.

모든 계층에서 노동 시간이 늘었는데, 오직 20대만 줄었습니다. 이란의 20대는 원래부터 취업률이 높지 않은 세대였습니다. 청년 일자리 문제가 이미 심각했던 것이지요. 그러던 중에 조건 없는 기본소득으로 약간의 여유가 생기자,

돈이 없어서 대학이나 대학원에 가지 못했던 사람들이 진학을 택하면서 20대의 노동 시간이 줄어든 것이라고 연구자들은 분석했습니다.

많은 사람들이 선호하는 이른바 '정규직 일자리'에서는 변화가 거의 없었습니다. 어쩌면 당연한 일입니다. 하고 있는 일이 전문적이고 보람이 있다면, 소득이 조금 늘더라도 일을 그만둘 이유는 되지 못합니다.

의외의 결과가 나온 분야는 서비스업이었습니다. 서비스업에서는 기본소득 지급 뒤 노동 시간이 오히려 늘었습니다. 가사노동자, 교사, 배달 같은 서비스업 노동자들은 주당 36분가량 더 일했다는 연구 결과가 나왔습니다.

사실 경제학자 가운데 기본소득에 비판적인 사람들이 '노동 공급이 줄어들 것'이라고 가장 많이 걱정하는 분야는 저임금 서비스업입니다. 조건 없는 소득이 생기면 열악한 일자리를 벗어나리라고 생각하는 것이지요. 이란의 사례는 이런 생각과 반대 결과인 셈입니다.

이란의 사례를 연구한 학자들은 '원래 자금이 부족하던 자영업자들이 기본소득을 사업 유지나 확장에 썼을 것'이라고 해석했습니다.

일반적인 경제 이론에서는 노동의 결과가 아닌 소득이 늘

안녕하세요, 기본소득입니다

어나면 사람들이 여가를 늘려 노동 공급이 줄어들 것이라고 봅니다. 이런 이론의 바탕에는 시장이 완전하다는 가정이 있습니다. 그러나 현실에서는 시장이 불완전하기 때문에 다른 결과가 나올 수 있다는 점을 연구자들은 지적합니다.

핀란드의 경우를 살펴볼까요? 실업급여를 이미 받고 있던 사람들을 대상으로 같은 금액(월 70만 원가량)의 기본소득을 지급하는 정책 실험을 했습니다. 그런데 2년 동안 실업급여를 받고 있던 집단과 새로운 기본소득 수령 집단을 비교해 보니, 기본소득 지급 대상자 2000명이 연간 5일 더 일했다는 결과가 나옵니다.

기본소득 수령 집단이 조금 더 노동 시간이 길기는 하지만, 이 정도의 차이는 통계적으로 의미가 없다는 게 연구진의 결론이었습니다.

새로운 노동의 시대가 온다

핀란드와 이란의 사례는 비슷하면서도 다릅니다.

핀란드는 기존 실업급여 제도를 똑같은 금액의 기본소득으로 대체한 사례입니다. 이미 수당을 지급받던 사람들이 기본소득을 받았습니다. 기존 수당과 기본소득 금액이 같아 추가 수입은 거의 없었고, 다만 조건이 있느냐 없느냐의 차이만 있었습니다. 이때 조건이 없는 기본소득 방식을 채택한다고 해서 사람들이 게을러지지는 않았습니다.

이란은 방만한 석유 보조금 제도를 없애는 대신 기본소득제를 도입했습니다. 기존 석유 보조금은 주로 관련 사업자들에게 귀속되던 것이어서, 대부분 가구는 이런 변화로 추가 수입을 얻었습니다. 하지만 추가 수입이 이란 사람들을 게으르게 만들지는 않았습니다. 노동 시간은 대부분 업종에서 유지되었고, 서비스업에서는 오히려 늘어났습니다.

따라서 이란에서나 핀란드에서나, 조건 없는 기본소득이 사람을 더 게으르게 만들지는 않는다는 결론이 내려졌습니다.

사람들은 돈만 보고 일하지 않습니다. 약간의 소득이 생긴다고 해서 쉽게 일을 그만두지는 않습니다. 새로운 일을 찾아 나설 때도 여유가 조금 있는 게 더 낫습니다. 두 나라에서 기본소득이 사람들을 게으르게 만들지 않았던 이유입니다.

그 학생의 질문이 이어집니다. '다들 일을 한다고는 해도, 여유가 있다면 궂은일, 위험한 일을 하려는 사람은 없어지지 않을까요?' 그럴 수는 있겠습니다. 극단적으로 열악한 작업을 하려는 사람은 줄어들 수 있겠지요.

안녕하세요, 기본소득입니다

하지만 그게 꼭 나쁜 일일까요?

당시 저는 이렇게 답했습니다. "남들이 하기 싫어하는 궂은일을 선택한 사람에게는 더 많은 보상을 해주면 됩니다. 그리고 정말 위험해서 아무도 하지 않으려 한다면, 그 일은 어떻게든 자동화해 없애는 게 옳다고 생각합니다. 위험하고 힘든 일을 생계가 어려운 분들에게 떠넘겨선 안 됩니다."

노동을 위험하고 힘들지만 생계를 위해 억지로 해야 하는 것으로 여기는 시대는 바뀌어야 합니다. 가치 있고 보람 있는 것으로 만들어 나가야 합니다. 기본소득이 완성된다면 기술 혁신과 맞물려 자연스럽게 그런 새로운 질서가 자리를 잡게 될 것입니다.

핵심정리

기본소득을 지급하더라도 사람들은 게을러지지 않으며, 오히려 일부 계층은 노동 시간을 늘린다는 연구 결과가 나왔다.

(15)
기존 복지수당도 있는데
왜 기본소득까지 하나요?

기존 복지수당과 기본소득

"유럽 국가들이 복지를 잘하고 있는데, 그런 기존 복지제도를 들여오면 되지 왜 기본소득 같은 새로운 제도를 논의하나요?"

어느 복지 전문가와 대화를 나누다가 받은 질문입니다.

기본소득제는 전통적인 선별 복지의 대안으로 제안된 제도입니다. 전통적인 선별 복지에서는 일을 해서 소득이 생기면 복지 혜택이 줄어들거나 없어집니다. 따라서 저소득층이고 복지 혜택을 받는 사람은 일할 동기가 상대적으로 낮습니다. 버는 만큼 복지 혜택이 줄어들어서, 노력의 결과가 경제적 보상으로 돌아오지 않을 수도 있으니까요. 이런 현상을 복지 함정(welfare trap)이라고 합니다.

딜레마에 빠진 기존 복지제도

복지제도가 발달한 유럽 국가들에서는 이미 오래전부터 이런 '복지 함정'의 문제가 드러났었지요. 복지가 두터워질수록 일을 해서 돈을 벌지 않고 복지 혜택에 의존해 살려고 하는 사람이 늘어난다는 비판이었습니다. 처음에는 '필요한 사람에게 지급한다'는 선별 복지 원칙에 따라 저소득층이나 실업자를 위한 다양한 급여 제도를 만듭니다. 그러자 일해서 돈을 벌 동기가 낮아지면서 복지 함정이 생깁니다. 복지 수급자 집단이 고착되고 장기 실업자들이 늘어납니다.

이들을 일터로 끌어내기 위해 직업훈련이나 취업 알선이나 저임금 노동자 지원 등 다양한 정부 지원 제도를 만들어냅니다. 그러면서 정부 제도는 복잡해지고 재정 부담이 늘어나고 비효율적이라는 비판을 많이 받게 됩니다.

이런 특징은 디지털 전환과 4차 산업혁명을 맞은 요즘 더욱 큰 문제입니다. 요즘은 꼭 회사에 매일 출퇴근하며 주 40시간 이상 일하지 않아도 돈 벌 기회가 많이 있습니다. 인터넷 플랫폼을 통해서 조각조각 일감을 얻어 일할 수 있기 때문입니다.

아프거나 아이를 돌봐야 하거나 공부를 해야 하거나 하는 등의 이유로 경력이 단절되었다가 다시 일하려는 경우에도 같은 문제가 생깁니다. 이런 경우 처음부터 풀타임 일자리를 구하기는 어렵습니다. 플랫폼에서 일감을 구해 프리랜서로 일을 시작하거나 단시간 일자리를 구하는 게 보통입니다.

그런데 소득이 없다가 조금이라도 생긴다면, 기존에 제공되던 선별적 복지 혜택은 그 소득만큼 차감되다가 벌이가 일정 수준 이상이 되면 아예 사라지게 됩니다.

물론 괜찮은 일자리를 구해 월 500만 원을 벌게 된다면, 복지 혜택을 받지 않아도 되겠지요. 하지만 단시간 일감을 얻어 단돈 50만 원, 100만 원을 번다면 이야기가 달라집니다. 기존 복지 혜택만 사라지고 소득은 크게 늘지 않을 수 있습니다. 열심히 일했는데도 복지 혜택을 받을 때와 소득 차이가 없는 것입니다. 선별 복지제도의 단점입니다.

이런 제도적 함정 때문에 디지털 전환 시대, 플랫폼 경제 시대에는 복지제도가 근로 의욕을 꺾는 현상이 더 심해질 수 있습니다.

그런데 기본소득은 조건 없는 소득이기 때문에, 소득이 있

안녕하세요, 기본소득입니다

든 없든 똑같은 액수가 지급됩니다. 이론적으로 복지 함정이 없는 제도입니다. 소득이 오른 만큼 세금만 더 납부하면 됩니다.

복지국가 핀란드는 왜 기본소득 실험을 했을까

핀란드 기본소득 정책 실험 책임자였던 올리 캉가스 박사를 만나 대화를 나눈 적이 있습니다. 그때 저는 캉가스 박사에게 '왜 기본소득 정책 실험을 하게 되었느냐'고 물었습니다. 돌아온 답도 같은 맥락에 있었습니다.

"디지털 전환으로 플랫폼 노동 같은 단시간 일거리가 늘어나고 있습니다. 장기간 고용이 보장된 풀타임 일자리는 점점 적어집니다. 그런데 핀란드의 복지 시스템은 일정 수준 이상의 소득이 있는 사람에게는 복지 혜택을 주지 않습니다. 그러다 보니 복지 혜택을 받는 사람들이 적극적으로 일자리를 구하지 않는 문제가 생겼습니다."

선별 복지 방식을 계속 유지할 경우, 많은 사람들이 일하는 대신 차라리 복지 혜택만 받으며 살아가려 할 것이라는 우려가 있었던 것입니다. 따라서 기존 복지 일부를 조건 없는 기본소득으로 대체하면 이런 문제를 해결할 수 있을지를 검토하게 된 것이지요. 핀란드는 기본소득이 사람들을 적극적으로 일하러 나오게 할 가능성이 있다고 보고 실험에 돌입했던 것입니다.

핀란드는 이미 상당히 두터운 복지제도를 갖고 있었습니다. 특히 실업급여가 잘 정착되어 있는데요. 고용보험에서 지급하는 실업급여뿐 아니라, 정부가 장기 실업자에게 지급하는 실업부조 역시 월 평균 70만 원 안팎으로 꽤 높은 수준이었습니다. 사실상 기간 제한 없이 지급되었고요.

하지만 핀란드는 오래전부터 10%가 넘는 높은 실업률에 시달리고 있습니다. 장기 실업자들은 구직 활동을 하지 않으려고 합니다. 핀란드가 조건 없는 기본소득 등 복지 함정이 없는 제도의 도입을 검토해보게 된 배경입니다.

핵심정리

조건 없는 기본소득제는 선별적 복지수당이 가진 복지 함정을 극복하는 방법으로 제안된 아이디어이기도 하다.

안녕하세요, 기본소득입니다

(16)
그래도 사람은 일을 해야죠!
기본소득과 일의 의미

"노동으로 임금을 벌어들이지 않는 사람에게 소득을 보장하면 노동의 가치가 떨어지지 않겠습니까?" 잔뼈가 굵은 노동운동가와 대화를 나누던 중 제가 받은 질문입니다. 노동조합에서 오랫동안 노동자의 권익을 위해 활동했던 분이었습니다.

저는 되묻고 싶습니다. "임금을 벌어들이지 않더라도 가치 있는 노동을 하는 분이 많습니다. 기본소득이 이런 분들의 노동에 대해 그 가치를 높이는 역할을 하지 않을까요?"

예를 들어볼까요? 집안일은 어른들이 해야 할 중요하면서도 힘든 노동입니다. 먹고 치우고 청소하고 빨래하고 아이들과 시간을 보내다 보면 어느새 하루가 훌쩍 가버립니다. 조금만 소홀히 해도 집 안이 난장판이 되고 그로 인해 가족 간의 갈등도 커집니다. 가사노동은 중요한 가치를 지닌 노동입니다. 그리고 많은 가정에서 가사노동은 주로 여성의 몫입니다.

그런데 집안일을 열심히 한다고 해도 회사 일을 하는 것과는 대우가 전혀 다릅니다. 월급도 없고, 나라에서 연금을 주지도 않고, 휴가도 없습니다. 회사에 다니다 출산을 하면 출산휴가와 육아휴직뿐 아니라 수당도 나오지만, 전업주부라면 이런 대우는 꿈도 꾸지 못합니다. 우리는 원래 세상이 그런 줄로만 알고 있습니다.

그런데 앞서가는 복지국가들에서는 가사노동도 노동으로 대접해줍니다. 예를 들어 핀란드는 전업주부가 집안일을 하다가 다쳐도 정부로부터 수당이 나옵니다. 집안일도 엄연히 일이기 때문에, 일하지 못하게 되었을 때 돈 걱정 없이 휴가를 쓰도록 지원해준다는 개념입니다. 노동자가 직장에서 일하다 다치면 산업재해 보상을 해주고, 유급휴가도 내줍니다. 가정주부라고 해서 차별할 수는 없다는 생각에서 나온 정책입니다.

역시 복지국가라서 기본적인 철학이 다르다는 생각이 들

안녕하세요, 기본소득입니다

었습니다. 일하는 사람이라면 그 일이 어떤 일인지 가리지 않고 모두 존중해주겠다는 철학을 갖고 있기에 가능한 정책입니다.

억대 연봉을 받고 하는 일이든, 보이지 않는 곳에서 묵묵히 봉사하는 일이든 모두 같은 '일'로 여기겠다는 선언입니다. 가정주부가 하는 일에 보수는 책정되어 있지 않지만, 적어도 국가만큼은 중요한 일로 인정하겠다는 생각이 담겨 있는 제도입니다. 그러니 가능한 복지 혜택을 모두 주는 것이겠지요.

그런데 조금 더 폭넓게 생각하면, 가사노동만 그렇게 푸대접을 받고 있는 것은 아닙니다. 지역사회를 위한 자원봉사 활동이나, 아픈 어르신을 돌보는 돌봄 노동이나, 심지어 유튜브에 영상을 올리거나 블로그에 글을 써서 구독자들에게 필요한 지식과 정보를 알리는 일도, 우리 사회에서는 보상받지 못하는 노동입니다. 모두 나름의 가치를 만들어내는 활동임에도 그렇습니다.

기본소득제는 바로 이런 '보이지 않는 노동'의 가치를 모두 인정해야 한다는 철학을 가진 제도입니다.

'행위'하는 사회

사실 기술 혁신으로 풍요의 시대를 맞은 지금, 노동의 개념은 더 확장되어야 합니다. 과거에 우리는 결핍의 시대를 살았고, 노동은 생계를 위해 어쩔 수 없이 하는 활동이었습니다. 하지만 풍요의 시대에 노동은 일 자체의 가치와 기쁨과 보람을 위해 수행하는 것으로 점점 변화해갈 것입니다.

정치철학자 한나 아렌트는 《인간의 조건》에서 인간이 하는 일을 노동(labor), 작업(work), 행위(action)의 세 가지로 확장해 정의했습니다. 노동은 생존을 위해 하는 일입니다. 작업은 장인처럼 생산 자체에 의미를 두고 하는 일입니다. 행위는 사회나 정치를 변화시키기 위해 하는 일입니다.

세상은 점점 더 풍요로워지고, 자동화는 빨라집니다. 시간이 지날수록 노동보다는 작업과 행위가 많아지는 사회가 올 수밖에 없습니다. 그리고 그게 바람직합니다.

그런 사회에서 사람은 생계 때문이 아니라 일 자체의 의미를 위해 일하게 됩니다. 가구를 온라인으로 쉽게 구매할 수 있지만, 목공을 배워 나만의 가구를 직접 만드는 사람이 늘어납니다. 이런 DIY(Do It Yourself)를 위한 일은 아렌트가 말한 '작업'에 해당합니다.

안녕하세요, 기본소득입니다

자신이 중요하다고 여기는 지식이나 가치를 전하기 위해 유튜브 영상을 제작하거나 글을 써서 SNS에 올리는 사람이 늘어납니다. 이런 옹호 활동은 아렌트가 말한 '행위'에 해당합니다. 모두 우리 사회에 가치를 더하는 일입니다.

하지만 이런 새로운 형태의 일을 떠받치는 사회보장제도는 아직 없습니다. 19세기 말 이후에 도입되기 시작한 우리의 복지체제는 '결핍의 시대'를 기반으로 고안되었기 때문입니다. 그런 결핍의 시대에는 사람의 노동력을 대거 공장에 투입해 물건을 많이 만들어내는 게 중요했습니다.

그런 시대는 이제 저물고 있습니다. 기본소득은 새롭게 다가온 자동화와 풍요의 시대에 꼭 필요한 사회보장제도입니다. 기본소득제는 '모든 개인에게 아무 조건 없이 정기적으로 지급되는 현금'으로 정의됩니다. 이런 기본소득의 원리는 기존 사회보장제도의 틀에서 벗어납니다. 특히 무조건성과 보편성이라는 핵심 원칙이 그렇습니다. 이 원칙들은 풍요의 시대에도 잘 맞습니다. 따라서 기본소득을 기반으로 사회보장제도를 다시 짜는 것이 합리적입니다.

현대 복지국가의 사회보장제도는 이른바 '베버리지 보고서'에 기반을 두고 있습니다. 영국의 경제학자 윌리엄 베버리지가 1940년대에 내놓은 보고서입니다. 이후 영국과 유럽 국가들이 앞다투어 도입한 연금제도 및 고용보험과 공적 부조 등이 이 보고서에서 제시한 골자를 바탕으로 만들어진 것입니다.

그런데 베버리지 보고서는 기업에 고용되어 공장에서 풀타임으로 일하는 젊은 노동자를 가정하고 작성되었습니다. 지금은 상황이 급격하게 바뀌었습니다. 베버리지가 노동의 주류라고 상정했던 '젊은 공장 노동자'들이 빠른 속도로 줄어들고 있습니다.

기술 혁신 기반의 자동화가 가져온 변화입니다. 한국 경제만 봐도 어떤 상황이 벌어지고 있는지가 분명해집니다.

한국 경제는 제조업 덕에 눈부신 성공을 거두었습니다. 삼성전자, 현대자동차 같은 제조업 대기업들은 최근 수십 년 동안 엄청난 성장세를 보였습니다.

그러나 제조업의 고용 비중은 계속 줄어들고 있습니다. 제조업이 더 이상 고용을 창출하지 못하고 있기 때문입니다. 자동화의 결과이지요. 1999년부터 2017년까지 새로 늘어난 일자리 중 79%가 서비스업이고, 제조업은 11%에 불과했습니다. 1991년부터 계산해보면, 한국 제조업의 부가가치는 일곱 배 성장했습니다. 그런데 고용은 거의 늘지 않고 제자리걸음을 보였습니다.

그렇다고 일자리가 아예 없어진 것은 아닙니다. 도매업, 소매업, 음식업, 숙박업 같은 일자리는 늘어났습니다. 그때 그때 요청받았을 때만 일하는 긱 워크, 일거리를 연결해주는 플랫폼을 통해 단기간 프로젝트형으로 일하는 플랫폼 노동 등 이른바 '비전형 노동'도 늘었습니다.

게다가 고령화도 진행되고 있습니다. 1인 가구도 늘어나고 있습니다. 베버리지 보고서가 작성된 시대는 남성 노동자 한 명이 20대부터 60대까지 일해서 나머지 식구를 먹여 살리고, 여성과 노인은 피부양자가 되어 가사 돌봄 노동을 무급으로 제공하던 때였습니다. 이제 그 체제는 더 이상 작동할 수 없습니다.

'생계'를 위한 노동에서 '사회적 가치'를 찾는 노동으로

점점 더 많은 사람들이 유튜브와 페이스북, 인스타그램 같은 온라인 공간에서 시간을 보냅니다. 어르신들은 꼭 수입 때문이 아니라 사람을 만나고 사회에 기여하는 기쁨을 느끼기 위해 일터를 찾아 나섭니다. 단조로운 생산 활동보다 다양한 가치를 추구하는 사람들이 늘어나고, 종교 활동이나 문화예술 활동에 더 많은 시간을 보내는 사람들이 나옵니다. 젊은 사람들은 직장에 매여 일하기보다는 프리랜서로 일하기를 선호합니다.

하지만 이런 일, 이런 시간에 대해 기존의 체제는 충분한 보상을 할 수가 없습니다. 그저 여가 시간을 보내고 있거나, 생산성이 낮은 일을 하는 사람들로 간주되었지요. 그들은 충분한 임금을 받을 수 없었고, 사회보험 같은 복지 혜택의 대상도 아니었습니다. 기존 체제가 전제했던 '젊은 공장 노동자'가 아니기 때문입니다.

여러모로 제조업 시대의 사회보장제도는 한계를 보이고 있습니다. '젊은 공장 노동자'가 사회의 중심이라는 가정이 무너지고 있는 것입니다. 이런 고민 속에서 등장한 기본소득제는 '고용'이라는 조건 없이도 정기적인 소득을 확보할 수 있는 사회보장체제를 지향합니다.

이게 바로 기본소득제의 '무조건성' 원칙입니다. 20세기에 발달한 복지제도의 핵심 원리 중 하나인 '조건부 복지' 원칙을 뒤집는 것이지요.

지금 우리가 살고 있는 자본주의 사회의 복지는 사회보험, 공적 부조, 사회 서비스를 세 축으로 하고 있습니다. 재정과 대상자 규모로 따지면 사회보험이 그중에서도 핵심이라고 할 수 있습니다.

그런데 국민연금이든 고용보험이든 수혜자가 되려면 조건을 충족해야 합니다. 예를 들어 고용보험은 고용계약을 맺고 가입 자격을 얻은 뒤 몇 년 이상 고용을 유지해야 합니다. 공적 부조의 경우에도 대부분 일정한 소득 이하의 가구라는 조건을 충족해야 급여를 받을 수 있습니다.

기본소득은 '조건부'라는 기존 복지제도의 원리를 뒤집고 아무 조건 없이 지급됩니다. 기본소득제가 자리 잡고 액수가 충분히 높아진다면, 사회보장체제 자체가 근본적으로 바뀌게 됩니다. 가장 영향을 받는 분야는 노동일 것입니다. 돌봄이나 공동체 활동처럼 돈은 안 되지만 가치 있는 일을 선택하는 사람도, 시간제로 일하거나 잠시 일을 쉬는 사람도 의미 있는 노동을 하고 있다고 인정하는 체제가 될 것입니다. 그때 기본소득은 가치와 보람을 중심에 두고 다양한 형태의 미래 노동의 가치를 뒷받침하는 제도가 될 것입니다.

핵심정리

기본소득은 생계를 위한 노동뿐 아니라 사회적 가치를 지닌 모든 노동을 뒷받침하는 제도다.

(17)
모두에게 나눠주면
가난한 사람에게 불리하지 않나요?

기본소득과 복지

"모든 사람에게 똑같은 금액을 분배하는 기본소득은 가난한 사람들에게 불리한 제도입니다. 재원은 한정되어 있으므로 빈곤층을 우선 지원해야 합니다. 그렇지 않으면 불평등이 더 커질 것입니다."

가난한 사람들의 권익을 높이기 위해 열심히 활동하는 어느 분의 기본소득에 대한 의견이었습니다. 충분히 나올 수 있는 걱정입니다. 정부 재원은 한정되어 있으니까요. 그중에 빈곤층을 돕는 예산은 그렇지 않아도 높이기 어렵습니다. 그런데 그 한정된 돈을 모두에게 나누어주면 빈곤층에게 돌아가는 몫은 더 줄어들 것처럼 보입니다.

걱정할 만한 일이지만 이건 오해입니다. 정부 재정을 쌈짓돈처럼 한정된 규모 안에서 나누어 쓰는 것으로 생각하면 이런 오해가 생길 수 있습니다.

그런데 저는 이 오해를 풀기 전에, 기본소득처럼 '모든 사람이 똑같은 권리를 갖는 제도'는 가난한 사람들을 떳떳하게 만든다는 점을 먼저 말씀드리고 싶습니다. 기존의 선별 복지 제도가 부자와 가난한 사람을 나누기 때문에, 가난한 사람들이 위축되고 모멸감을 느낄 수밖에 없는 것과 반대이지요.

소득 수준으로 상처받지 않는 사회

잠시 2020년 봄 우리나라에서 벌어진 일을 돌아볼까요. 전 국민을 대상으로 재난지원금이 지급되었습니다. 모든 사람이 조건 없는 급여를 받는 순간이었지요.

그때 우리는 재난지원금에 대해 주변 사람들과 다양한 이야기를 나누었습니다. 누군가는 식구들과 오랜만에 마음 놓고 외식을 했다고 했습니다. 누군가는 헬스장에 등록했다고 했습니다. 누군가는 재난지원금으로 그달 생활비 부담이 줄어서, 남는 돈을 비영리단체에 기부하겠다고 했습니다.

중요한 점은, 우리 모두가 스스럼없이 그 이야기를 나누었다는 것입니다. 모두가 받았다는 사실을 서로 알고 있었으니까요. 재난지원금 앞에 우리는 모두 떳떳하고 평등했던 것입니다.

수급자에게 지급되는 생계급여를 어디에 썼는지에 대해 친구들과 대화하기는 어렵습니다. 실업급여를 받아 어떻게 썼는지를 이야기하기도 힘들지요. 받는 사람이 한정되어 있고, 각자 처지가 다르니까요. 생계급여가 무엇인지도 모르는 친구에게, 우리 집이 가난해서 받게 된 생계급여에 대해 터놓고 이야기하기는 곤란합니다. 고용이 보장된 직장에 다니고 있어 실업은 생각해본 적도 없는 친구에게, 실업급여를 받기 위해 끊임없이 자신의 실업 상태를 증명해야 하는 처지를 하소연하기란 쉽지 않습니다.

우리 중 누군가는 집을 갖고 있고, 누군가는 무주택자입니다. 누군가는 공기업 정규직 직원이라 급여도 많고 고용도 보장되어 있는데, 누군가는 중소기업 계약직 직원이라 급여도 낮지만 당장 내년이 불안합니다. 생계급여 등 각종 복지 혜택을 받으며 살아가는 사람도 있고, 복지 혜택을 받을 필요가 없는 사람도 있습니다. 그래서 각자의 사정에 맞게 제공되는 복지 혜택은, 아무에게도 말하고 싶지 않은 자기만의

안녕하세요, 기본소득입니다

일이 됩니다.

그러나 모두가 받는 재난지원금은 달랐습니다. 다들 스스럼없이 돈 이야기를 할 수 있었지요.

이게 바로 기본소득이 가진 힘입니다. 가난한 사람이나 부유한 사람이나, 복지 혜택의 대상자나 그렇지 않은 사람이나, 일자리가 있는 사람이나 없는 사람이나 똑같은 경제적 경험을 함으로써 누구나 친구가 될 수 있게 해주었지요. 전 국민을 대상으로 한 재난지원금은 한 차례만 지급되었기 때문에 기본소득이 아니지만, 보편성과 무조건성을 지녔다는 점만으로도 연대감을 높이는 역할을 했다고 생각합니다.

가난한 사람만 골라내어 지원하면, 지원받는 사람은 '가난하지 않은 사람들'의 눈총을 받을까 봐 걱정하게 됩니다. 지원받지 않는 사람은 '가난한 사람들'에게 상처를 주지 않을지 걱정하게 됩니다. 또한 경계선에 있는 사람들은, 내가 지원 대상이 되는지 아닌지, 지원 기준이 공정한지에 대해 끊임없이 생각해야 합니다. 터놓고 대화하기는 이래저래 힘들 수밖에 없습니다.

모든 사람이 동등하게 받는 기본소득이 있다면, 그 기본소득에 대해서만은 소득 수준과 상관없이 모두 같은 처지에 있게 됩니다. 가난한 사람들은 모두에게 떳떳할 수 있습니다.

'특별하게 배려받은 혜택'으로서의 복지가 아니라 모두가 갖는 권리로서의 복지를 누리는 것이니까요. 또는 공동의 부를 분배받는 것이니까요.

모두의 권리로서 급여를 받거나, 공동으로 일군 부를 분배받을 때 사람들은 당당합니다. 하지만 '나만을 특별히 배려해서', '남이 번 돈을' 나누어 받을 때 위축됩니다. 모두가 떳떳한 사회에서 소통이 더 쉽고 연대감이 더 단단해질 수 있습니다.

이런 면에서 기본소득은 선별해 나누어주는 급여보다 가난한 이들에게 더 나은 제도입니다.

빈곤층에 더 유리한 이유

여기서 다시 처음에 언급했던 활동가의 질문으로 돌아가 봅니다. "가난한 사람이 떳떳해진다고 하더라도, 재정이 한정되어 있다면 너무 작은 금액을 분배받게 되지 않을까요?"

앞서도 밝혔지만, 그 질문은 오해에서 비롯된 것입니다. 소득 분배는 두 단계를 거쳐 이루어집니다. 첫 번째는 재원 조달이고, 두 번째는 지급입니다. 국가가 정책을 통해 직접

소득을 분배하는 경우 과세 또는 국채 발행을 통해 재원을 조달하게 됩니다. 기본소득제를 시행하게 된다면 과세를 통해 재원을 조달하게 될 것입니다. 지속적으로 지출되는 돈이니 국채 발행을 통한 재원 조달에는 한계가 있습니다. 국가 부채를 무한정 늘리면서 제도를 유지할 수는 없습니다.

그런데 모두에게 똑같은 금액을 지급하더라도, 과세를 통해 재원을 조달할 때는 차등을 두게 됩니다. 조세제도가 누진적으로 되어 있기 때문에, 더 많이 버는 사람들이나 자산이 많은 사람들이 세금을 더 많이 내겠죠. 그렇게 거둔 돈을 n분의 1로 나누어 똑같이 지급하는 게 기본소득의 개념입니다.

그러므로 기본소득제를 실시하더라도, 소득세나 재산세 등 기존 세수를 기반으로 재원을 마련한다면 결과적으로 부유한 계층에게서 더 많이 거두어 가난한 계층에게 나누어주는 제도가 됩니다. 다만 지급할 때는 그들을 구분하지 않기 때문에, 선별을 위한 행정 비용이나 선별 과정에서 생기는 모멸감 및 공정성 시비 등이 생기지 않습니다. 연대가 가능한 제도이면서도 결과적으로는 빈곤층에게 유리한 제도입니다.

LAB2050에서 2019년에 수행한 재정 시뮬레이션 결과를 보면, 소득 상위 약 10~20% 이내 계층의 경우 세금 부담이

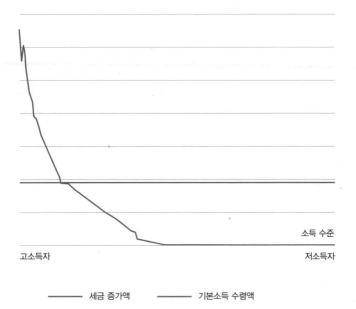

누진과세 기반의 기본소득제 시행의 경제적 결과

소득 수준

고소득자　　　　　　　　　　　　　　　　　저소득자

——— 세금 증가액　　　——— 기본소득 수령액

출처: LAB2050

　　　　　　　　　　안녕하세요, 기본소득입니다

좀 더 늘어나고, 그 이하 계층은 지급받는 기본소득이 더 많습니다. 월 30만 원씩 지급하는 기본소득 모델의 경우, 3인 가구라면 월 소득 1억 4100만 원, 2인 가구라면 9400만 원을 기준으로 더 낼 사람과 더 받을 사람이 갈립니다. 고소득자가 더 내고 모두가 받는 구조가 되는 것입니다.

　여기서 핵심은 재정을 얼마나 많이 쓰느냐입니다. 기본소득이 빈곤층에게도 도움을 주는 제도가 되려면 더 많이 거두어 더 많이 나누어야 합니다. 많이 거두더라도 국민의 순부담은 늘지 않습니다. 거두자마자 바로 국민에게 나누어주기 때문에, 세금으로 낸 돈과 기본소득으로 받는 돈의 금액이 비슷하거나 기본소득이 더 큰 국민이 훨씬 더 많아집니다. 더 많이 거두어 많이 나눌수록, 빈곤층에게 더 유리해집니다.

핵심정리

기본소득은 모두에게 조건 없이 지급하는 급여이므로 모두를 평등하게 만들어주지만, 누진과세로 재원을 마련한다면 결과적으로는 빈곤층에게 더 도움을 주는 제도가 된다.

(18)
푼돈 받아서 뭐 하나요?

기본소득의 충분성

기본소득에 대해 토론할 때마다 받는 질문이 있습니다. 다른 복지 혜택에 비해 기본소득은 액수가 너무 작지 않느냐는 것입니다.

오해입니다. 기본소득제는 아무리 적은 금액으로 시작한다 해도 현존하는 대부분의 수당 제도보다 더 많은 금액을 지급하는 제도입니다.

기본소득의 액수가 작다는 오해는 계산 실수에서 나옵니다. 이런 식입니다. '실업급여는 한 달에 200만 원도 나오는데, 기본소득은 받아봐야 10만~50만 원 정도밖에 안 되지 않나?' 이는 '누구에게나 평생 보장된다'는 기본소득의 원리

안녕하세요, 기본소득입니다

를 이해하지 못해서 나오는 이야기입니다.

기본소득은 평생 안전자산

첫째, '평생'이라는 조건을 넣는 순간 계산은 전혀 달라집니다. 평생 받을 수 있는 실업급여는 얼마나 될까요? 우리나라 고용보험에서 실업급여는 2021년 기준 최고 하루 6만 6000원, 270일까지 지급합니다. 월 150만 원 정도까지 받을 수 있겠네요. 하지만 조건이 있습니다. 50세 이상이거나 장애인이면서 고용보험 가입 기간이 10년 이상인 실업자가 되어야 받을 수 있는 금액입니다. 어쨌든 이렇게 최대치를 받는다고 해도, 6만 6000원×270일 = 1782만 원이군요.

10년 재직해야 한 번 받을 수 있는 이만한 급여를, 한 사람이 평생 몇 차례나 신청할 수 있을까요? 비현실적일 정도로 많이 잡아 세 차례 가능하다고 해봅시다. 그러면 한 사람이 받을 수 있는 평생 실업급여를 비현실적일 정도로 높게 잡아도 5000만 원이 됩니다.

기본소득은 어떨까요? 월 10만 원씩 받으면 1년에 120만 원입니다. 평생 지급되므로 80세까지 산다고 했을 때 120만 원×80 = 9600만 원이 됩니다. 기본소득이 월 10만 원만 되어도, 평생 받을 수 있는 실업급여의 극단적 최대치보다도 두 배가량 많습니다. 실은 기본소득이 월 5만 원만 돼도 실업급여 최대치와 맞먹는 금액입니다. 정부에서 다양한 수당 제도를 운영하고 있지만, 대부분 급여 수준이나 기간이 실업급여보다 작고 짧습니다.

둘째, '누구에게나'라는 조건을 달면 차이는 더욱 뚜렷해집니다. 2021년 현재 고용보험 구직급여(실업급여) 수령자는 50만~70만 명대를 오르락내리락합니다. 전체 인구의 1%를 조금 넘는 수준입니다. 생계급여 수급자는 전체 인구의 4%가량 됩니다.

이런 비율을 보면, 실업급여나 생계급여를 받는 일은 대부분 사람들의 인생에서 희귀한 경험이라는 점을 알 수 있습니다. 소득 하위층이라도, 일자리를 구하지 못하는 청년이라도, 사업에 실패한 장년이라도 이런 수당을 받기는 쉽지 않습니다. 대상자가 한정되어 있고 조건이 까다로워서지요.

게다가 가장이 아니라 가구원이라면 이런 수당은 구경조차 못할 가능성이 높습니다. 대부분 복지수당이 세대주에게 지급되기 때문입니다.

하지만 기본소득은 모든 사람에게 지급됩니다. 즉 가난한 집안이라면, 가장뿐 아니라 가족 구성원 모두에게 기본소득이 지급됩니다. 기본소득액이 월 10만 원이라도, 4인 가족이라면 월 40만 원을 받게 됩니다. 또한 가구원이 아닌 가족 친지들도 마찬가지입니다. 수입이 없는 노부모님에게도 기본소득이 생기고, 독립해 따로 사는 청년 자녀에게도 기본소득이 생깁니다. 생활비 부담은 그만큼 가벼워집니다.

기본소득은 가장에게 지급되는 다른 수당과 비교해도 효능감이 몇 배 더 큰 것입니다.

기본소득은 금리가 정해진 안전자산과 같습니다. 예컨대 연간 100만 원의 기본소득은 5000만 원의 자산에 2% 금리를 적용했을 때 받는 이자와 같은 금액입니다. 4인 가족이라면 모두 2억 원의 자산이 추가로 생긴 상황과 같습니다. 평생 사라지지 않는 자산입니다.

다른 사회보장제도가 도입 초기에 그랬듯이, 기본소득제를 도입한다 해도 처음에는 작은 규모로 시작할 수밖에 없을 겁니다. 소액의 기본소득을 지급하는 방식으로 시작하겠지요. 국민연금도 초기에는 아주 작은 금액으로 시작했지만, 30여 년을 거치면서 노후 생계의 상당 부분을 의존할 수 있는 제도로 자리 잡아가고 있습니다.

월 5만 원, 월 10만 원의 기본소득은 '소액'이 아닙니다. 현존하는 다른 모든 제도보다 장기적으로 지급액이 더 많고, 수천만 원, 수억 원의 안전자산을 확보해주는 제도입니다.

핵심정리

기본소득은 '누구에게나 평생 정기적으로 지급한다'는 특성 때문에, 매달 소액이 지급된다고 하더라도 다른 어떤 복지제도보다도 경제적 혜택이 큰 제도다.

안녕하세요, 기본소득입니다

(19)
정부가 너무 커지지 않을까요?

기본소득과 행정 비용

"기본소득제는 큰 정부를 지향하는 것 같습니다. 그건 실패한 사회주의 모델 아닌가요?"

정치인을 지망하는 청년들을 만났을 때 받은 질문입니다. 사실 기본소득제에 대해 처음 듣는 분들이 종종 던지는 단골 질문이기도 합니다.

하지만 이런 걱정과는 반대로, 기본소득제는 국가의 계획을 중심으로 경제를 운영하는 사회주의 모델과는 전혀 다른 체제를 지향합니다. 역사적으로 존재했던 사회주의 국가 중 기본소득제를 도입한 곳이 단 한 곳도 없었다는 점이 이런 사실을 반증합니다.

큰 정부의 문제점

기본소득은 모두에게 동일한 금액을 지급한다는 점에서는 개인들 사이의 평등을 증진하지만, 더 중요하게는 개인들에게 더 큰 자유를 보장하는 사회를 지향합니다.

예를 들어 같은 액수의 예산을 투입해 모든 개인에게 현금으로 지급하는 경우와, 정부가 공공 일자리를 만들어 모든 사람에게 제공하는 경우를 비교해보면 그 철학적 차이를 알 수 있습니다.

기본소득제는 전자의 경우에 가깝습니다. 창업을 하건 투자를 하건 소비를 하건, 누구나 자신이 받은 기본소득을 자유롭게 쓸 수 있습니다. 개인의 창의성에 기반을 둔 자유롭고 다양한 활동을 돕는 제도라고 할 수 있습니다.

모든 사람에게 일자리를 제공하는 방식이, 어쩌면 과거 사회주의가 지향하던 방식과 비슷합니다. 정부가 모든 사람에게 일자리를 제공한다면, 사람들은 정부가 만든 일자리에서 관리감독을 받으며 일을 하게 됩니다. 개인의 창의성보다는 위계와 질서를 기반으로 경제를 운영하게 됩니다. 활동의 자유와 다양성보다는 안정성을 중시하는 제도입니다.

'기본소득이 사회주의까지는 아니더라도 큰 정부를 지향

하는 것 아니냐'는 질문이 나올 수도 있습니다.

역시 오해입니다.

'큰 정부'의 문제점으로 주로 두 가지를 지적합니다.

하나는 정부의 힘이 너무 커져서 민간이 위축된다는 문제입니다. 정부가 지나치게 많은 자원을 갖고 사용하며 국민을 통제하게 되므로 결국 창의성을 줄이게 된다는 것이지요.

그런데 기본소득은 누구에게나 조건 없이 평생 지급됩니다. 정부의 통제력은 선별할 때 생깁니다. 누구에게 지급하고 누구에게 지급하지 않을지를 결정하는 게 바로 권력입니다. 기본소득은 대상자를 선별하지 않으므로 정부가 통제력을 갖지 못합니다. 누구에게나 그저 권리로서 보장되는 소득입니다.

다른 하나는 정부 조직이 복잡해지고 비대해지면서 행정 비용이 높아진다는 것입니다. 정부 조직의 구조가 복잡해져서 의사결정과 집행의 속도가 느려지고 예산 대비 정책 효과가 떨어지며 비효율이 커진다는 이야기입니다.

그런데 기본소득은 선별 작업, 관리 감독 등의 일을 할 필요가 없어 행정 비용을 최소화하므로 오히려 행정 조직의 축소가 가능하다는 장점이 있습니다. 선별 과정도, 구매 과정도 없이 개인에게 직접 기본소득을 지급하니 추가 인력이 거의 필요가 없습니다.

현행 복지제도의 선별 과정을 들여다보면, 사실 누가 복지의 대상이 되는지를 가려내는 작업은 쉽지 않다는 사실을 알 수 있습니다.

국회와 정부 고위층에서는 일정한 소득 수준을 경계선으로 대상자를 나누라고 정하고는 일이 끝난 것처럼 이야기합니다. 이를 '저소득층 맞춤형 정책'이라고 말합니다.

하지만 그렇게 정한 소득 경계선이 과연 타당한지는 알기 어렵습니다. 정말 절박한 상황에 처해 비극적 선택을 하는 사람들 중에는, 그런 경계선 때문에 아무런 도움을 받지 못한 경우가 많습니다. 나는 정말로 절박한데, 처분할 수도 없는 자산이나 함께 살지도 않는 부양가족 등이 문제가 되어 복지 대상이 아니라는 판정을 받는 일도 많습니다.

선별과 감시가 필요 없다

제도가 복잡하다 보니, 몰라서 도움을 받지 못하는 경우도 허다합니다. 복지 수혜자 대상 조사에서는 '몰라서 이용하지 못했다'는 답변이 허다합니다.

안녕하세요, 기본소득입니다

알아보려고 나섰다가 모멸감만 느끼고 돌아서는 일도 부지기수입니다. 선별 복지제도를 운영하다 보면, 아무래도 공무원이 복지 대상자를 비용으로 볼 수밖에 없습니다. 예산이 정해져 있는데 대상자가 너무 많아지면 곤란해지기 때문입니다. 게다가 실제로 절박한 상황이 아닌데 복지 혜택을 받으려는 사람들도 있습니다.

그러다 보니 자꾸 엄격한 잣대를 들이대며 야박하게 판정할 수밖에 없습니다. 복지 혜택을 신청하러 온 사람이 속여서 받아가려는 것은 아닌지 의심하게 되고, 그 의심하는 마음이 드러나면 신청하러 간 사람은 모멸감을 느끼게 되는 것이지요. 특히 경제가 어렵고 세금이 덜 걷히는 시기에는 그런 일이 더 빈번해지겠지요. 결국 어려운 상황을 복지 대상자들이 떠안게 되는 것입니다.

선별 과정을 운영하는 데는 행정 비용도 많이 듭니다. 우선 선별과 감시 비용이 듭니다. 재산을 숨기고 복지 혜택을 신청하는 것은 아닌지, 신청한 내용이 사실인지 등이 모두 감시 대상입니다. 이런 선별 복지가 커질수록 신청을 받고 감시하는 공무원 수와 행정 조직 규모도 커질 수밖에 없습니다. 가난하거나 아픈 사람을 직접 돌보는 공무원이 늘어난다면 복지 수준이 높아지는 데 도움이 될 것입니다. 하지만 선별하고 감시하는 공무원이 늘어나면 복지 수준을 높이기보다는 행정 비용만 늘리게 됩니다.

홍보 비용도 듭니다. 정부가 이번에 새로운 정책을 내놨으니 신청하라고 홍보하는 광고를 많이 보셨을 것입니다. 워낙 이런저런 제도가 많아지고 대상자가 세분화되니, 잘 알고 신청하기가 어려워졌습니다. 그래서 거꾸로 정부에서 대상자를 찾아다녀야 하는 상황이 되었습니다. 방송이나 유튜브나 지하철에 막대한 돈을 들여 광고하기도 하고, 커다란 행사장을 빌려 정책 홍보 행사를 열기도 합니다.

모든 사람이 대상자인 기본소득제는 이런 불필요한 행정 비용을 쓰지 않아도 됩니다. 선별할 필요가 없으니 선별하고 감시하는 비용은 들지 않습니다. 모두가 대상자이므로 다들 이미 잘 알고 있기 때문에 홍보 비용도 거의 들지 않을 것입니다.

왜 그런지는 초등학교에 진학하라고 광고하거나 초등학교 진학률을 높이기 위한 행사를 따로 열 필요가 없다는 점을 떠올려보면 알 수 있습니다. 모든 어린이가 초등학교에서 교육받을 권리를 갖고 있으므로, 진학해야 할 어린이가 누구인지, 진학 자격이 있는지를 살펴볼 필요도 없습니다. 기본소득제가 바로 이런 성격의 제도입니다.

안녕하세요, 기본소득입니다

기본소득제는 행정 비용이 적게 들고 선별 과정이 필요 없으므로 '큰 정부의 비효율성'을 일으키지 않는다. 오히려 개인의 자유와 창의성을 중시하는 제도다.

돈이 풀리면
물가가 오르지 않을까요?

기본소득과 인플레이션

"기본소득제에 대해 저도 찬성하는데요, 혹시 하이퍼인플레이션(통제할 수 없을 만큼 심각한 물가 상승 현상)이 와서 소득 증가가 소용없는 상황이 되지는 않을까요?"

제가 작은 토론 모임에서 기본소득에 대한 발표를 마쳤을 때, 한 스타트업 대표가 제게 다가와 물었습니다. 기술 혁신과 고용 변화의 흐름이 매우 빠르고 이에 대한 대응이 필요하다는 데 공감하는 분이었습니다. 다만 기본소득이 물가 상승을 부추기는 게 아니냐는 의문을 품고 있었습니다.

하지만 기본소득이 주로 과세를 기반으로 실행된다면, 인플레이션 우려는 크지 않습니다. 거둔 돈을 분배하는 방식으

안녕하세요, 기본소득입니다

로 운영한다면 전체 통화량이 늘지는 않기 때문입니다.

인플레이션은 왜 생기는 걸까?

인플레이션의 장기적이고 근본적인 원인은 통화량 증가입니다. 돈이 너무 많이 풀리면 돈의 가치가 떨어집니다. 구매할 물건의 가치가 그대로 있다면 물건 값이 오르는 게 자연스럽습니다.

짧은 시간 동안 돈이 너무 많이 풀리면 그 효과는 더 큽니다. 한국은행이 금리를 급격하게 낮추고 정부가 대출 규제를 풀어 은행에서 돈을 쉽게 빌릴 수 있게 되면, 단기간에 통화량이 늘어날 수 있습니다. 또 정부가 세금 징수액을 줄이고 지출은 늘리면서 이 돈을 조달하기 위해 국채를 지나치게 많이 발행하면, 단기간에 통화량이 늘어날 수 있습니다. 국민들로부터 거둔 돈은 적은데 나간 돈은 많으니 시중에 돈이 너무 많아지는 것입니다. 그러면 물가가 빠르게 오르겠지요.

그런데 물가가 단기간에 급등하면, 소비자들의 심리가 불안해집니다. 물가가 앞으로 더 오를지 모른다는 기대가 생기면서, 가지고 있는 돈에 대한 신뢰가 낮아집니다. 그러면 돈을 저축하기보다는 당장 소비하게 되고, 통장에 있던 돈까지 빠져나가면서 물가는 더 오르게 됩니다. 경제가 불안정해지면 기업들은 상황을 관망하며 투자와 생산을 오히려 줄일 수도 있습니다.

하이퍼인플레이션은 이런 과정에서 발생하게 됩니다. 이런 상황이 지속되면 인플레이션을 동반한 불황, 즉 스태그플레이션이 일어납니다.

기본소득을 재원 조달 없이 국채를 발행해 지급하면 통화량이 늘어날 수 있습니다. 돈을 찍어 기본소득을 지급하는 모델입니다.

그러나 세금을 거두어 기본소득을 지급한다면 통화량은 크게 늘지 않을 것입니다. 기본소득을 지급하느라 나가는 돈도 있지만 거둬들이는 세금도 있기 때문입니다. 따라서 대부분의 기본소득 모델은 과세 기반으로 설계되어 있습니다. 이런 방식으로 시행된다면 하이퍼인플레이션이나 장기적으로 지속되는 인플레이션은 발생하기 어렵습니다.

그렇다면 기본소득 때문에 단기적으로 물가가 오를 가능성은 없을까요?

단기적으로 물가는 총수요와 총공급에 따라 움직입니다. 물건을 사려는 소비자가 많아 총수요가 커지면 물가가 오를

안녕하세요, 기본소득입니다

수 있습니다. 또 물건을 팔려는 기업이 적어 총공급이 작아지면 물가가 오를 수 있습니다.

거둔 세금으로 기본소득을 지급하면, 전체 수요가 급격하게 높아지지는 않을 것입니다. 다만 누진과세를 기반으로 기본소득제를 시행한다면, 계층별로 다른 효과가 나타나기 때문에 소비가 늘어날 수 있습니다. 이때 일부 물가가 상승할 수는 있습니다.

이는 소득과 자산 계층별로 소비 성향이 다르기 때문입니다. 소비 성향이란, 벌어들인 소득 가운데 소비로 지출하는 비중이 얼마나 되느냐를 보여주는 비율입니다. 예를 들어 100만 원을 벌어 60만 원을 소비하고 40만 원을 저축한다면, 소비 성향은 0.6이 됩니다.

일반적으로 상위계층은 소비 성향이 상대적으로 낮고, 중하위계층은 높습니다. 하위계층으로 갈수록 여유가 없기 때문이지요.

따라서 기본소득이 지급됐을 때, 그 추가 소득 중 바로 소비하는 비중 역시 하위계층으로 갈수록 높을 것입니다. 상위계층은 추가 소득을 바로 소비하기보다는 저축해둘 가능성이 높겠지요.

거꾸로 추가 세금을 거두는 경우를 생각해볼까요. 상위계층으로 갈수록 세금을 추가로 내더라도 소비를 많이 줄이지 않을 가능성이 높습니다. 이미 여유가 있기 때문이지요. 하지만 하위계층으로 갈수록 추가된 세금만큼 소비를 줄일 가능성이 높아집니다.

과세 기반 기본소득제를 실시하면 어떻게 될까요? 누구에게나 조건 없이 똑같은 금액을 지급하면서, 동시에 누진적으로 과세를 하게 됩니다. 상위계층은 기본소득 지급액보다 더 많은 추가 세금을 내게 되고, 중하위계층은 추가 세금보다 더 많은 기본소득을 받게 됩니다.

이때 상위계층은 여유가 있으므로 세금을 더 내면서도 현재의 소비 수준을 유지할 가능성이 높습니다. 하위계층은 추가 소득의 상당 부분을 소비할 가능성이 높습니다. 소비액의 전체 합계는 늘어날 수 있습니다. 따라서 경제 전체로 보면 소비 수준이 높아지게 됩니다.

이런 이유에서 기본소득제가 내수 소비를 활성화할 수 있다는 분석이 나오고 있습니다. 12장에서 살펴본 이란의 사례에서도 그런 분석이 나왔습니다. 특히 6장에서 언급한 것처럼 기본소득을 지역화폐로 지급한다면, 어려움을 겪고 있는 지역 자영업자들이 좀 더 나아질 것이라는 기대도 나옵니다.

안녕하세요, 기본소득입니다

경제에 끼치는 영향

LAB2050이 기본소득 지급 시 소비 변동을 시뮬레이션해 본 결과도 비슷했습니다. 2021년부터 월 30만 원의 기본소득제를 실시한다고 가정할 때, 기존 사회보장제도를 유지할 때와 비교하면 민간 소비는 전체적으로 완만하게 증가하거나 최소한 감소하지 않는 것으로 나타났습니다.

다만 이때 물가 상승이 어느 정도 있을 수 있습니다. 중하위계층이 선호하는 상품들에 대한 수요가 늘어날 것이기 때문입니다. 하지만 관리 가능한 범위 안에서의 상승일 것입니다. 총수요가 크게 증가하거나 통화량이 급격히 늘어나고 화폐가치가 빠르게 낮아지는 상황은 아니기 때문입니다. 하이퍼인플레이션이나 스태그플레이션과는 거리가 멉니다.

그렇다면 기본소득 때문에 총공급이 감소하면서 인플레이션이 올 수도 있을까요?

기본소득이 총공급 감소로 이어지는 유일한 길을 가정해본다면, 그 원인은 임금 상승일 것입니다. 기본소득액이 충분한 수준에 이르고 일자리가 충분히 많다면, 일하려는 사람이 줄고 이들이 필요한 기업은 임금을 올려줘야 하는 상황이 됩니다. 이렇게 되면 임금이 전반적으로 높아지면서 기업이 투자와 고용을 줄이게 된다는 시나리오입니다.

이 시나리오는 가능성이 높지 않습니다. 이게 실현되려면 일자리가 늘어야 하고 기본소득 때문에 노동자들이 게을러져서 일자리를 찾지 않아야 합니다. 그런데 기술 혁신과 자동화로 일자리는 오히려 불안정해지고 있습니다. 게다가 10장에서 살펴본 것처럼, 기본소득이 생기면 사람들이 게을러질 것이라는 주장은 근거가 희박합니다.

오히려 지역 자영업자들을 포함한 사업자들이 공급을 늘리면서 내수 경제가 성장할 수도 있습니다. 지역 경제는 새로운 성장 동력을 얻으면서 공급이 늘어날 수도 있다는 이야기입니다.

어떻든 간에 수요나 공급으로 인한 문제가 실제로 일어난다고 하더라도 기본소득제는 장기적으로 큰 폭의 인플레이션을 불러오기는 어렵습니다. 통화량에 큰 변화를 가져오는 요인은 아니기 때문입니다. 기본소득이 하이퍼인플레이션을 불러올 것이라는 걱정이 기우인 까닭입니다.

핵심정리

기본소득을 지급하되 과세를 기반으로 시행하면, 장기적이고 지속적인 인플레이션이 발생할 가능성은 낮다.

안녕하세요, 기본소득입니다

(21)
고정비로 다 지출하면
무의미하지 않나요?

기본소득과 소비

"기본소득제가 시행되더라도 집값과 임대료가 잡히지 않으면 소용이 없다고 봅니다. 그리로 돈이 다 빠져나갈 테니까요."

"사교육비만 더 늘지 않을까요?"

집과 교육은 우리나라 사람들의 가장 큰 관심사입니다. 그래서 많은 분들이 이런 질문을 던집니다. 기본소득이 생기면 주거비나 교육비로 다 빠져나가서 결국 소용없는 것 아니냐고요.

중요한 질문입니다. 사실 주거와 교육은 소득만큼이나 중요한 문제입니다. 기본소득으로 돈이 생긴다고 해서 집과 교육 문제가 해결되지는 않습니다. 주거와 교육 문제를 해결하기 위해서는 별도의 노력이 필요합니다. 더 나은 정책을 고안하고 실행하며, 더 좋은 집과 교육이 공급되도록 해야 합니다.

하지만 기본소득이 도입되어 생계 불안을 어느 정도 해소해주면, 주거 문제의 양상은 좀 달라질 수 있습니다. 집을 살 이유가 줄어들기 때문입니다.

'영끌' 대신 진짜 가치 있는 것에 투자를

기본소득제가 성숙 단계에 접어든다면, 생계 불안 때문에 혹은 경제적 자유를 위해 무리하게 주택 자산을 구매하는 행위는 줄어들 수 있습니다. 빚을 내 집을 사는 사람들 중 상당수는 불안 때문에 그런 선택을 합니다. 나이가 들어 일자리가 없거나 일하기 어려운 상황에 처했을 때, 비참한 삶을 살 수 있다는 불안입니다. 이때 집은 주거 공간으로서의 의미보다는 경제적 위험에 대비해 개인이 쳐둔 안전망이 됩니다.

따라서 집이나 자산이 없어도 생계 소득이 충분히 보장된다면, 이런 사람들의 자산 구매 동기는 훨씬 줄어듭니다.

안녕하세요, 기본소득입니다

자산을 불리고 이를 기반으로 사업을 하거나 큰 규모의 투자자가 되겠다고 생각하는 사람들은 여전히 자산 투자에 적극적이겠죠. 하지만 생계 소득에 대한 불안 때문에 안전망을 확보하기 위해 자산 투자를 하는 사람들은 그 규모를 줄이게 될 것입니다. 사회가 기본소득이라는 안전망을 쳐준다면, 개인적 안전망을 확보하기 위해 '영끌'하며 빚을 내서라도 위험한 투자를 하는 일은 점점 사라질 것입니다.

많은 사람들은 오히려 현재 삶의 질을 높이는 데 기본소득을 사용할 가능성이 높습니다. 사회 전체적으로 보면, 상대적으로 자산 투자를 위한 지출은 줄고, 생활을 위한 지출은 늘 수 있습니다.

기본소득이 지급된다면, 비슷한 의미에서 교육비 지출은 늘어날 수도 있습니다. 다만 아이 시험 성적을 높이기 위한 사교육 지출 동기는 줄어들 것입니다. 아이의 미래 생계 불안은 줄어들 것이므로, 생계 수단 확보 능력을 키워주는 교육에 매달릴 이유도 줄어듭니다.

그 대신 아이의 진로를 모색하기 위한 지출은 늘어날 수 있습니다. 문화예술 교육도, 해외여행이나 현장 체험 교육도 늘어날 수 있습니다. 이런 다양한 교육은 아이의 미래 역량을 키우는 좋은 투자가 될 수 있을 것입니다.

한편 평생학습에 대한 지출도 늘어날 것으로 보입니다. 미래를 위해 자산에 투자할 자원을 자신에 대한 투자로 돌릴 수 있기 때문입니다. 생계 압박을 덜 받는 어른들은, 조금 생긴 시간 여유를 자신이 정말 좋아하는 학습과 활동에 투입하려 할 것입니다. 따라서 이런 학습과 활동에 대한 지출이 늘겠지요. 이는 평생학습이 비약적으로 성장하는 계기가 될 수 있습니다.

기본소득의 근본 취지는 나를 믿어준다는 것입니다. 내가 생계에 크게 구애받지 않더라도 스스로 의미 있는 일을 찾아갈 것이라고 믿어주는 것입니다. 내가 집이든 교육이든 충분히 가치 있는 제품이나 서비스를 가려내고 구매할 것이라고 믿어주는 것입니다. 그래서 기본소득은 사람들에게 실질적 자유, 경제적 자유를 부여하는 것을 목적으로 합니다. 실질적 자유가 주어지면 사람은 사회에 더욱 가치 있는 기여를 할 것이라고 믿기 때문입니다.

핵심정리

기본소득은 생계 불안을 덜어주고 시간 여유를 늘려준다. 사람들은 노후를 대비하기 위해 자산을 구매하던 재원을 삶의 질 향상과 자신에 대한 교육 투자에 쓰게 될 것이다.

안녕하세요, 기본소득입니다

(22)
여성의 경제활동을
방해하지 않을까요?

기본소득과 양성 평등

여성정책 토론회에서 기본소득에 대해 발표했을 때였습니다. 한 전문가가 이렇게 묻더군요. "기본소득이 도입되면, 경제적 여유가 생기니 여성들은 직장에 다닐 필요 없이 집안일만 하라는 압박을 받게 되지 않을까요?"

여전히 아이 돌봄이나 집안일은 여성만의 몫으로 여겨지는 사회 분위기가 바뀌지 않는다면, 기본소득이 오히려 여성의 사회 진출을 가로막는 걸림돌이 되지 않을까 하는 우려였습니다.

그렇지 않습니다. 기본소득은 여성들이 다양한 일을 선택하고 누릴 수 있는 자유를 늘릴 것입니다. 남성에게도 마찬가지로, 쉼과 돌봄을 선택할 자유를 줄 것입니다.

버지니아 울프가 작가가 될 수 있었던 이유

버지니아 울프의 이야기를 그분에게 들려드리고 싶었습니다. 버지니아 울프는 세계적인 여성 작가로, 여성이 어떻게 자유와 발언권을 얻을 수 있는지에 대해 많은 글을 남겼지요.

울프는 《자기만의 방》에서 '조건 없는 소득의 중요성'을 강조했습니다. 그 책에서 울프는 자신이 가난한 여성으로서 겪었던 수많은 고통과 번민을 나열하던 끝에, 이런 이야기를 남겼습니다.

"그 당시의 쓰라림을 기억하건대, 고정된 수입이 사람의 기질을 엄청나게 변화시킨다는 사실은 참으로 놀라운 일이더군요. (…) 음식과 집, 의복은 이제 영원히 나의 것입니다. 그러므로 노력과 노동만 끝나는 것이 아니라 증오심과 쓰라림도 끝나게 됩니다. 나는 누구도 미워할 필요가 없습니다. 아무도 나에게 해를 끼칠 수 없으니까요. 또 누구에게도 아부할 필요가 없습니다. 그가 나에게 줄 것이 없기 때문이지요. 이렇게 하여 나는 스스로 인류의 다른 절반에 대해 아주 미세하나마 새로운 태도를 취하게 되었음을 알게 되었습니다.”

이 이야기는 자전적입니다. 젊은 시절 울프는 작가가 되고 싶었지만, 경제 사정이 넉넉하지 않아 돈벌이를 해야 했습니다. 아이 돌보기, 글 대신 써주기 등의 허드렛일을 하며 푼돈을 버느라 바빴지요.

그러던 어느 날, 숙모의 사망과 함께 상당한 유산을 물려받았습니다. 그리고 경제적 자유를 얻게 되었지요. 그 뒤 울프는 자유롭게 글을 쓰고 강연을 하며 자신이 가지고 있던 능력을 마음껏 발휘할 수 있었습니다. 결국 세계적 작가이자 중요한 여성운동가의 반열에 올라섰지요.

조건 없이 보장된 소득은 버지니아 울프의 경우처럼 자신이 진정으로 원하는 일에 집중할 수 있는 환경을 제공합니다. 여성이 소질을 갖고 있거나 하고 싶은 일이 있다면, 그 일에 집중할 수 있게 됩니다.

사실 울프의 이야기를 뒤집어보면 남성에게도 똑같이 적용됩니다.

조건 없는 보편적 기본소득은 모든 사람의 생계 부담을 같은 정도로 낮춰주는 제도입니다. 따라서 남성 역시 생계 활동으로부터 어느 정도 자유로워집니다. 그 여유를 자신이 정말로 하고 싶은 일에 투입할 수 있게 됩니다.

남성이 오히려 가사노동, 돌봄 노동을 늘리거나 전담하는 일도 많아질 수 있습니다. 생계 부담이 줄어들면서 생긴 여유를 이렇게 전환할 수도 있다는 이야기입니다.

만일 울프가 조건 없는 유산 대신 구직 조건이 달린 실업급여를 받았다면 어떻게 되었을까요? 울프는 구직활동을 하고 다시 취직해 일하느라 글쓰기에 집중하지 못했을 가능성이 높습니다. 직업훈련이 주어졌다고 해도 마찬가지입니다. 좋은 작가는 직업훈련을 통해 태어나지 않습니다. 이렇게 조건 없는 소득은 조건이 있는 복지제도와 달리, 개인의 자유와 창의성을 발휘하도록 도울 수 있습니다.

모두에게 시간을 벌어준다

우리의 사회보장제도에는 조건 없는 기본소득과 비슷한 제도가 이미 있습니다.

만 7세 이하 아이에게 지급되는 월 10만 원의 아동수당이 금액은 적지만 비슷한 역할을 합니다. 줄어든 양육비 부담만

안녕하세요, 기본소득입니다

큼을, 부모는 자신을 위해 투자할 수 있게 됩니다. 예를 들면 본인의 미래를 위한 공부에 투자할 수 있습니다. 반대로 돈벌이 부담이 줄어서 생긴 여유 시간을 육아에 더 투입할 수도 있습니다. 출생부터 7년간 보장되기 때문에, 어느 정도 계획을 세울 수 있다는 점도 큰 도움이 됩니다.

만 65세 이상 어르신에게 지급되는 기초연금도 그런 역할을 합니다. 기초연금은 2021년 현재 소득과 재산 보유 수준에 따라 월 30만 원까지 지급됩니다. 월 30만 원의 수입이 사망 전까지 보장된 삶과, 그 수입이 아예 없는 삶은 크나큰 차이가 있습니다.

기초연금이 생긴 뒤, 소득과 재산이 아예 없는 어르신들은 폐지를 줍는 시간을 조금 줄이면서도 생계를 유지할 수 있게 되었습니다. 소득이 어느 정도 있지만 생활비로는 부족했던 어르신이라면, 청소나 경비 같은 노동 시간을 조금 줄이고 원하는 일에 시간을 좀 더 쓸 수 있게 되었습니다. 돈벌이는 많이 되지 않지만 보람과 배움이 있는 자원봉사 같은 일거리를 찾아 시간을 쓸 수도 있게 되었습니다.

기본소득제는 이런 제도를 확장해, 나를 포함한 모두에게 시간을 벌어주는 제도입니다. 그 시간을 내가 정말로 하고 싶은 일에 쓴다면 삶의 다양성은 커지고 능력을 발휘할 기회도 늘어날 것입니다. 여성에게도, 남성에게도 마찬가지입니다.

기본소득은 여성에게든 남성에게든, 자신이 진정으로 원하는 일을 할 수 있는 여유를 제공한다.

안녕하세요, 기본소득입니다

감사의 말

　'글을 쓰는 것은 빚을 지는 것'이라는 저의 지론은 이번에도 여전히 더 강화되었습니다. 이 책은 기본소득의 원천처럼 '타인의 지식'이라는 인류의 공통부에 전적으로 의존하고 있으니까요.

　제가 몸담고 있는 LAB2050의 연구자들과 나눴던 대화, 그들이 썼던 글, 그들과 만들어 LAB2050 유튜브 채널에 올린 영상 콘텐츠를 바탕으로 이 책의 골격을 짰습니다. 기본소득 지구네트워크와 기본소득한국네트워크에서 오랜 시간 쌓아둔 지식에도 큰 신세를 졌습니다. 아래 언급한, 그리고 언급하지 못한 기본소득에 우호적이거나 반대하는 수많은 저작물들이 이 책 곳곳에 녹아들어 있습니다.

무엇보다도 LAB2050을 함께 설립했던 창업가 이재웅 님, 빠듯한 일정에도 흔쾌히 출판에 나선 어크로스의 김형보 대표와 편집진, 그리고 주로 글을 쓰던 휴일과 새벽 시간에 내 등 뒤만 바라봐야 했던 가족에게 가장 큰 빚을 졌습니다.

　저의 두 아이들과 그들의 세대는, 기본소득이 현실이 되든 되지 않든 간에 이 제도가 꿈꾸는 '자유로운 세상'을 조금이나마 누릴 수 있기를 간절히 바랍니다. 저는 그런 세상을 만들기 위해 말하기와 글쓰기를 멈추지 않는 것으로, 제가 진 큰 빚의 이자라도 조금씩 갚아 나가려고 합니다.

참고 문헌

아래는 이 책을 쓰며 주로 참고한 자료입니다. 더 넓은 이해가 필요하다면 단행본을 읽어보시면 좋습니다. 더 깊은 이해가 필요하다면 학술논문과 정책보고서 중 관심 있는 주제를 찾아 읽어보시기를 권합니다.

| 단행본 |

- 가이 스탠딩, 안효상 역,《기본소득: 일과 삶의 새로운 패러다임(Basic Income: A Guide for the Open-Minded)》, 창비, 2018
- 강남훈,《기본소득의 경제학》, 박종철출판사, 2019
- 금민,《모두의 몫을 모두에게》, 동아시아, 2020
- 김교성, 백승호, 서정희, 이승윤,《기본소득이 온다》, 사회평론아카데미, 2018
- 이원재,《소득의 미래》, 어크로스, 2019
- 필리프 판 파레이스, 야니크 판데르보흐트, 홍기빈 역,《21세기 기본소득(Basic Income)》, 흐름출판, 2018

| 학술논문 |

- 김교성, 이지은, "기본소득의 실현 가능성에 대한 탐색", 〈비판사회정책〉 제56호, p7~57, 2017. 8

- 백승호, 이승윤, "기본소득 논쟁 제대로 하기", 〈한국사회정책〉 제25권 제3호, p37~71, 2018. 9

- 서현수, 최한수, "보편적 복지국가에서 보편적 기본소득으로? 핀란드 기본소득 정책 실험의 최종 결과와 함의", 〈스칸디나비아연구〉 제26호, p1~45, 2020

- 양재진, "기본소득이 복지국가의 발전 요인으로 되기 어려운 이유", 〈경제와사회〉, p58~77, 2020. 12

- 이승주, "기본소득의 소득 분배를 통한 소비효과 예측", 〈한국행정연구〉 제29권 제1호, 2020

- 이승주, "청년기본소득 도입의 효과 분석: 소득재분배 및 빈곤 완화를 중심으로", 〈정부학연구〉 제25권 제1호, p89~131, 2019

- 유종성, "기본소득의 재정적 실현 가능성과 재분배효과에 대한 고찰", 〈한국사회정책〉 제25권 제3호, p3~35, 2018. 9

- 전강수, 강남훈, "기본소득과 국토보유세 등장 배경, 도입 방안, 그리고 예상 효과", 〈역사비평〉, p250~281, 2017. 8

- 최한수, "기본소득 모의실험: 근로 연령대를 중심으로", 〈예산정책연구〉, 제8권 제2호, p194~225, 2019. 11

- Djavad Salehi-Isfahani, Mohammad H. Mostafavi-Dehzooei, "Cash transfers and labor supply: evidence from a large-scale program in Iran", 〈Journal of Development Economics〉, p135, 349~367, 2018

- Jouko Verho, Kari Hämäläinen, Ohto Kanninen(forthcoming), "Removing Welfare Traps: Employment Responses in the Finnish Basic Income Experiment", 〈American Economic Journal: Economic Policy〉

안녕하세요, 기본소득입니다

| 정책보고서 |

- 이원재, 윤형중, 이상민, 이승주, "국민기본소득제: 2021년부터 재정적으로 실현 가능한 모델 제안", LAB2050, 〈솔루션2050-04〉, 2019

- 이지웅, "탄소세를 기본소득으로?: 탄소세 도입을 둘러싼 쟁점들", LAB2050, 〈인사이트2050-10〉, 2021

- 조혜경, "스위스 탄소세 생태배당 모델, 성공적 환경정책의 모범사례로 부상하다", 정치경제연구소 대안, 〈대안 이슈페이퍼〉 14호, 2019

- 조혜경, "탄소배당 연계 탄소세 도입의 필요성 및 기본 방향", 정치경제연구소 대안, 〈대안 이슈페이퍼〉 22호, 2020

- Olli Kangas, "핀란드의 기본소득 실험", 〈국제노동브리프〉 2017년 10월호, p9~19

- Susana Martín Belmonte, "REC, citizen currency Final report B-MINCOME project", REC Moneda Ciutadana, 2019

안녕하세요, 기본소득입니다

초판 1쇄 발행 2022년 2월 4일

지은이 | 이원재
발행인 | 김형보
편집 | 최윤경, 강태영, 이경란, 양다은, 임재희, 곽성우
마케팅 | 이연실, 김사룡, 이하영
디자인 | 송은비
경영지원 | 최윤영

발행처 | 어크로스출판그룹(주)
출판신고 | 2018년 12월 20일 제 2018-000339호
주소 | 서울시 마포구 양화로10길 50 마이빌딩 3층
전화 | 070-5080-4038(편집) 070-8724-5877(영업)
팩스 | 02-6085-7676
이메일 | across@acrossbook.com

ⓒ 이원재 2022

ISBN 979-11-6774-031-1 03300

만든 사람들
편집 | 최윤경, 양다은
교정교열 | 오효순
표지디자인 | 박대성
본문디자인 | 송은비
본문조판 | 박은진